W0308335

Zu diesem Buch

«Kreatives Visualisieren ist eine Methode, deine Vorstellungskraft zu nutzen, um das zu verwirklichen, was du in deinem Leben willst. Es handelt sich dabei keineswegs um etwas Neues, Fremdartiges oder Ungewöhnliches. Du wendest es bereits täglich an, ja in jeder Minute. Es ist deine natürliche Kraft der Vorstellung, die du ständig benutzt, ob nun bewußt oder unbewußt.

Dieses Buch will zeigen, wie du diese Kraft einsetzen kannst, um das zu erschaffen, was du wirklich willst – Liebe, Erfüllung, Freude, befriedigende Beziehungen, lohnende Arbeit, Selbstverwirklichung, Gesundheit, Schönheit, Wohlstand, inneren Frieden und Harmonie ... was auch immer dein Herz begehrt. Kreatives Visualisieren gibt uns die Möglichkeit, an uns selbst zu erfahren, wie gut und wohltätig das Leben von Natur aus sein kann.

Phantasie ist die Fähigkeit, eine Idee oder ein Bild geistig entstehen zu lassen. Beim kreativen Visualisieren benutzt du deine Phantasie, um ein klares Bild von etwas zu erzeugen, dessen Manifestation du dir wünschst. Dabei kann dein Ziel auf jeder Ebene liegen – der körperlichen, emotionalen, geistigen oder spirituellen.»

Shakti Gawain

Stell dir vor

Kreativ visualisieren

Deutsch
von Siegfried Berger

rororo
Rowohlt

Die Originalausgabe erschien 1978 unter dem Titel
«Creative Visualization» bei Whatever Publishing,
Mill Valley, Ca., USA
Die deutsche Erstausgabe erschien 1984 im
Sphinx Verlag, Basel

200.–207. Tausend April 2000

Veröffentlicht im Rowohlt Taschenbuch Verlag GmbH,
Reinbek bei Hamburg, September 1986
«Creative Visualization» Copyright © 1978 by Shakti Gawain
Copyright © 1984 für die Übersetzung by Sphinx Verlag, Basel
Umschlaggestaltung Stefanie Bunn
Gesamtherstellung Clausen & Bosse, Leck
Printed in Germany
ISBN 3 499 18093 6

Inhalt

Danksagung

Ich danke euch, Mark Allen und Dean Campbell, für alles, besonders für eure Liebe und Unterstützung beim Schreiben dieses Buches. Dank auch an euch, Rainbow Canyon und Lorena Laforest Bass, dass ihr mir gute Freunde seid. Und ein besonderes Dankeschön an meine Mutter Chi-uh für all ihre Liebe, Weisheit und Ermutigung.

Danken möchte ich natürlich auch all meinen grossartigen Lehrmeistern, die so viel zu meinem Leben, meinem Glück und den Einsichten beigetragen haben, die in dieses Buch eingeflossen sind. Einige von euch habe ich als Gurus erlebt, einige als persönliche Freunde und Liebhaber und andere wiederum sind mir in Buchform begegnet. Euch alle liebe und schätze ich sehr.

Nicht versäumen möchte ich, meinem inneren Führer, der mir stets den Weg gewiesen hat und immer noch weist, meine Bewunderung auszusprechen und zu danken ... er erinnert mich immer wieder daran, wie schön das Leben in Wahrheit ist ... und von ihm ging eigentlich der letzte Anstoss aus, dieses Buch zu schreiben.

An meine Leser

Liebe Freundinnen und Freunde,

ich entschloss mich, dieses Buch zu schreiben, um euch mitzuteilen, welch wunderbare Dinge ich gelernt habe. Ich lebe intensiver und habe mehr Freude am Leben als je zuvor.

Als Expertin in der Kunst des kreativen Visualisierens würde ich mich nicht unbedingt bezeichnen. Ich versuche mich in dieser Kunst, und je mehr ich das tue und selbst kreatives Visualisieren anwende, desto mehr entdecke ich, dass die Möglichkeiten dieser Methode schier unausschöpflich sind ... ebenso grenzenlos schöpferisch wie eure Phantasie.

Dieses Buch soll als Einführung dienen und ein Arbeitsbuch sein, um kreatives Visualisieren zu erlernen und auch anzuwenden. Sehr wenig von dem angebotenen Stoff habe ich selbst ausgearbeitet; es handelt sich um eine Zusammenstellung der brauchbarsten und nützlichsten Ideen und Techniken, die ich während meiner persönlichen Studien kennengelernt habe.

Noch eins: dieses Buch enthält viele verschiedene Techniken.

Es ist wohl am besten, wenn ihr sie in Ruhe nacheinander durcharbeitet und anwendet. Ich schlage euch vor, das Buch langsam zu lesen und einige Übungen zu versuchen. Ihr gebt euch damit die Chance, gründlich damit vertraut zu werden. Oder vielleicht wollt ihr es zuerst in einem Zug und später noch einmal langsamer lesen.

Dieses Buch ist ein Geschenk, das ich euch in Liebe übergebe ... möge es ein Segen für euch sein ... möge es euch helfen, immer mehr Freude, Befriedigung und Schönheit in euer Leben zu bringen ... möge es das Licht nähren, das in euch leuchtet ...

Viel Spass damit!

In Liebe
Skakti

TEIL 1

Grundlagen des kreativen Visualisierens

Jeder Augenblick deines Lebens
ist unendlich schöpferisch
und das Universum
ist freigebig ohne Unterlass.
Bring eine Bitte nur klar
genug zum Ausdruck,
und alles, was dein Herz begehrt,
wird zu dir kommen.

Was ist kreatives Visualisieren?

Kreatives Visualisieren ist eine Methode, deine Vorstellungskraft zu nutzen, um das zu verwirklichen, was du in deinem Leben willst. Es handelt sich beim *kreativen Visualisieren* keineswegs um etwas Neues, Fremdartiges oder Ungewöhnliches. Du wendest es bereits täglich an, ja in jeder Minute. Es ist deine natürliche Kraft der Vorstellung, die schöpferische Ur-Energie des Universums, die du ständig benutzt, ob nun bewusst oder unbewusst.

In der Vergangenheit haben viele von uns die Kraft des *kreativen Visualisierens* verhältnismässig unbewusst eingesetzt. Aufgrund unserer eigenen tiefsitzenden negativen Einstellungen zum Leben haben wir automatisch und unbewusst erwartet und uns vorgestellt, dass Mangel, Begrenztheit, Schwierigkeiten und Probleme einfach unser Los im Leben sind. Bis zu einem gewissen Grad haben wir uns das alles selbst geschaffen.

Dieses Buch will zeigen, wie du deine natürliche schöpferische Phantasie in wachsendem Mass als Methode bewusst nutzen kannst, um das zu erschaffen, was du *wirklich* willst – Liebe, Erfüllung, Freude, befriedigende Beziehungen, lohnende Arbeit, Selbstverwirklichung, Gesundheit, Schönheit, Wohlstand, inneren Frieden und Harmonie ... was auch immer dein Herz begehrt. Kreatives Visualisieren gibt uns die Möglichkeit, an uns selbst zu erfahren, wie gut und wohltätig das Leben von Natur aus ist.

Phantasie ist die Fähigkeit, eine Idee oder ein Bild geistig entstehen zu lassen. Beim kreativen Visualisieren benutzt du deine Vorstellungskraft (Phantasie), um ein klares Bild von etwas zu erzeugen, dessen Manifestation du dir wünschst. Konzentriere dich immer wieder auf eine Idee oder ein Bild. Setze so lange positive Energie ein, bis dein Wunsch objektive Wirklichkeit geworden ist ... mit anderen Worten, bis du tatsächlich das «Vorgestellte» erreicht hast.

Dein Ziel kann auf jeder Ebene liegen – der körperlichen, emotionalen, geistigen oder spirituellen. Du magst dir vorstellen, eine neue Wohnung, eine neue Arbeitsstelle oder eine schöne Beziehung zu haben, dass du dich ruhig und heiter fühlst oder vielleicht über ein besseres Gedächtnis und eine gesteigerte Lernfähigkeit verfügst. Du könntest dir auch vorstellen, wie du eine schwierige Situation mühelos meisterst, oder du siehst dich selbst einfach als strahlendes Wesen, voller Licht und Liebe. Du kannst auf jeder Ebene arbeiten, und es werden sich immer Erfolge einstellen ... durch Erfahrung wirst du Bilder und Techniken finden, die optimal für dich sind.

Nehmen wir folgendes Beispiel: Du hast Schwierigkeiten, mit jemandem zurechtzukommen, willst aber mit dieser Person eine harmonische Beziehung aufbauen.

Du entspannst dich tief, fühlst dich ruhig und meditativ und stellst dir vor, wie ihr beide in einer offenen, ehrlichen und harmonischen Weise miteinander umgeht und kommuniziert. Lass innerlich das Gefühl zu, dass dein geistiges Bild möglich ist und es jetzt schon Wirklichkeit sein könnte.

Wiederhole diese kurze, einfache Übung mehrmals, vielleicht zwei- oder dreimal täglich oder wann immer du willst. Wenn du es mit deinem Wunsch und deiner Absicht ernst meinst und du für eine Veränderung wirklich offen bist, wirst du bald merken, dass die Beziehung einfacher und fliessender und die andere Person offenbar angenehmer wird und du mit ihr leichter kommunizieren kannst. Schliesslich wirst du feststellen, dass sich das Problem von selbst löst, und zwar zum Wohle aller Beteiligten.

Ich möchte darauf hinweisen, dass diese Methode *nicht* dazu benutzt werden kann, das Verhalten anderer zu «kontrollieren» oder sie zu veranlassen, etwas gegen ihren Willen zu tun. Wir können aber damit unsere inneren Barrieren wegräumen, die uns den Zugang zu natürlicher Harmonie und Selbstverwirklichung verwehren; jedem Menschen steht dieser Weg offen.

Um schöpferisches Visualisieren anwenden zu können, brauchst du nicht an irgendeine metaphysische oder spirituelle Idee zu glauben, wenngleich du bereit sein musst, bestimmte Idealvorstellungen für möglich zu halten. Du musst nicht an irgendeine Kraft «glauben», die ausserhalb von dir ist.

Notwendig ist jedoch das Verlangen, deine Kenntnisse und Erfahrungen zu erweitern und zu bereichern, und dein Geist muss offen genug sein, etwas Neues mit einer positiven Einstellung zu versuchen.

Mach dich mit den Grundsätzen des kreativen Visualisierens vertraut, probiere die Techniken mit offenem Geist und offenem Herzen aus und urteile dann selbst, ob sie für dich von Nutzen sind.

Sollte es so sein, dann fahre fort, sie anzuwenden und weiterzuentwickeln, und bald werden die Veränderungen in dir selbst und in deinem Leben wahrscheinlich deine kühnsten Erwartungen übertreffen ...

Kreatives Visualisieren ist magisch im wahrsten und höchsten Sinn des Wortes. Dazu gehört, dass du die Naturgesetze, die unser Universum regieren, verstehst, beachtest und lernst, diese Gesetze auf eine bewusste und schöpferische Art zu nutzen.

Wenn du noch nie eine prachtvolle Blume oder einen herrlichen Sonnenuntergang gesehen hast und jemand würde sie dir beschreiben, könntest du beide als Wunder betrachten (was sie ja auch sind!). Erst wenn du selbst Sonnenuntergänge gesehen hast und anfängst, die Naturgesetze zu erfassen, die dabei wirksam sind, wirst du zu verstehen beginnen, wie sie entstehen, was dabei abläuft, und alles wird dir natürlich und nicht besonders geheimnisvoll vorkommen.

Beim kreativen Visualisieren ist es genauso. Was zunächst für die sehr beschränkte Art von Bildung, die unser rationaler Verstand genossen hat, höchst erstaunlich und unmöglich erscheinen mag, wird vollkommen verständlich, wenn wir in diesem Zusammenhang etwas über unsere grundlegenden Denkmuster erfahren und daran arbeiten.

Sobald du so verfährst, wirst du in deinem Leben geradezu Wunder bewirken ... ja!

Wie kreatives Visualisieren wirkt

Um zu verstehen, wie kreatives Visualisieren wirkt, ist es hilfreich, sich einige Prinzipien anzusehen, die in einer Wechselbeziehung zueinander stehen:

DAS PHYSISCHE UNIVERSUM IST ENERGIE

Die Welt der Wissenschaft beginnt allmählich zu entdecken, was metaphysische und spirituelle Lehrer schon seit Jahrhunderten wissen. Unser physisches Universum ist in Wirklichkeit gar nicht aus irgendeiner «Materie» zusammengesetzt; es besteht im wesentlichen aus einer Art Kraft oder Geist (Essenz), die wir *Energie* nennen können.

Die Dinge erscheinen fest und voneinander getrennt auf der Ebene, auf der sie unsere Sinnesorgane normalerweise wahrnehmen. Auf feinstofflicheren Ebenen jedoch, etwa auf der atomaren und subatomaren, wird scheinbar feste Materie zu immer kleiner werdenden Teilchen innerhalb jeweils anderer Teilchen, und am Ende stellt sich heraus, dass es sich um reine Energie handelt.

Physikalisch gesehen sind wir Energie, und alles in uns und um uns herum besteht aus Energie. Wir sind alle Bestandteil eines grossen Energiefeldes. Dinge, die wir als fest und voneinander getrennt wahrnehmen, sind in Wirklichkeit nur verschiedene Formen unserer essentiellen Energie, die allem gemeinsam ist. Wir sind alle eins, und das ist sogar wörtlich und physikalisch gemeint.

Die Energie schwingt mit unterschiedlich hoher Geschwindigkeit und ist deshalb auch von unterschiedlicher Qualität, feiner oder dichter. Gedanken sind eine relativ feine, leichte Form von Energie und daher sehr schnell und leicht zu ändern. Materie ist eine relativ dichte, kompakte Energie und bewegt und verändert sich aus diesem Grund langsamer. Ferner bestehen bei den verschiedenen Materieformen grosse Unterschiede. Lebendes Fleisch ist verhältnismässig fein, verändert sich schnell und reagiert leicht auf viele Einflüsse. Felsgestein hat eine viel dichtere Form, seine Veränderung dauert länger, und es ist schwieriger, eine chemische Reaktion auszulösen. Dennoch wird sogar ein Felsen am Ende verändert, etwa durch die feine, leichte Energie des Wassers. Alle Energieformen stehen in wechselseitiger Beziehung zueinander und können gegenseitig aufeinander einwirken.

ENERGIE IST MAGNETISCH

Ein Gesetz der Energie ist folgendes: Energie einer bestimmten Qualität oder Schwingung hat die Neigung, Energie einer ähnlichen Qualität und Schwingung anzuziehen.

Gedanken und Gefühle haben ihre eigene magnetische Energie; diese zieht ähnliche Energie an. Wir können zum Beispiel die Wirksamkeit dieses Prinzips erkennen, wenn wir «zufällig» jemandem begegnen, an den wir gerade gedacht haben oder «rein zufällig» ein Buch in die Hand bekommen, das genau die Information enthält, die wir in diesem Moment benötigen.

ZUERST DIE IDEE, DANN DIE FORM

Gedanken sind eine schnelle, leichte, bewegliche Form von Energie. Sie manifestieren sich augenblicklich, im Gegensatz zu dichteren Formen, wie etwa Materie.

Wir erschaffen etwas immer zuerst in gedanklicher Form. Der Manifestation geht immer ein Gedanke oder eine Idee voraus. «Ich denke, ich mache das Mittagessen», ist die Idee, welche der Zubereitung einer Mahlzeit vorausgeht. Der Gedanke «Ich möchte ein neues Kleid», ist da, bevor wir zum Einkaufen gehen; «Ich brauche einen Arbeitsplatz», ist da, bevor wir einen finden.

Ein Künstler hat zuerst eine Idee oder eine Inspiration, und dann schafft er ein Gemälde. Ein Baumeister hat zuerst einen Plan, und dann baut er ein Haus.

Die Idee ist wie ein Plan; sie erschafft ein Bild von der Form. Dieses Bild magnetisiert physikalische Energie und bringt sie dazu, in jene Form zu fliessen, die sich schliesslich auf der physischen Ebene manifestiert.

Derselbe Grundsatz gilt, selbst wenn wir äusserlich nichts tun, um unsere Ideen zu verwirklichen. Wenn du einfach nur eine Idee oder einen Gedanken hast und in deinem Kopf behältst – so ist das eine Energie, die dazu tendiert, die dazugehörige Form auf der materiellen Ebene anzuziehen und zu erschaffen. Wenn du dauernd an Krankheit denkst, wirst du schliesslich krank werden; wenn du wirklich daran glaubst, dass du schön bist, dann bist du es auch.

DAS GESETZ DER AUSSTRAHLUNG UND ANZIEHUNG

Dies ist der Grundsatz, dass alles, was du auch in das Universum hinausgibst, auf dich zurückkommen wird. «Was du säst, wirst du ernten.»

In der Praxis bedeutet das folgendes: Wir ziehen immer dasjenige im Leben an, worüber wir am meisten nachdenken, woran wir am stärksten glauben, was wir ganz tief in uns erwarten und/oder was wir uns am lebhaftesten vorstellen.

Wenn wir negativ und furchtsam, unsicher und ängstlich sind, werden wir dazu neigen, gerade jene Erfahrungen, Situationen oder Menschen anzuziehen, die wir zu vermeiden suchen. Wenn wir eine von Grund auf positive Einstellung haben, wenn wir Freude, Befriedigung und Glückseligkeit erwarten und uns diese

Seelenzustände vorstellen, dann werden wir Menschen, Situationen und Ereignisse anziehen oder so gestalten, dass sie mit unseren positiven Erwartungen übereinstimmen. Je mehr positive Energie wir aufbringen, uns das vorzustellen, was wir wollen, desto mehr fängt es an, sich in unserem Leben zu manifestieren.

WIE DU KREATIVES VISUALISIEREN ANWENDEN KANNST

Der Prozess der Veränderung geschieht nicht auf einer oberflächlichen Ebene, etwa durch blosses «positives Denken». Es geht dabei auch darum, unsere innersten Grundeinstellungen zum Leben zu erforschen, zu entdecken und zu ändern. Deshalb kann es zu einem tiefen und bedeutsamen Wachstumsprozess kommen, wenn wir lernen, schöpferisches Visualisieren anzuwenden. Im Laufe dieses Prozesses entdecken wir oft, wie wir uns aufgrund unserer Ängste und negativen Gedanken selbst zurücknehmen und den Weg zur Zufriedenheit und Erfüllung im Leben versperren. Wenn wir das einmal klar erkannt haben, können wir uns durch kreatives Visualisieren von dieser einengenden Haltung befreien und finden so zu unserem natürlichen Zustand der Glückseligkeit, Erfüllung und Liebe ...

Zunächst machst du wohl Visualisierungsübungen zu bestimmten Zeiten und möchtest damit bestimmte Ziele erreichen. Wenn dir schöpferisches Visualisieren immer mehr zur Gewohnheit wird und du anfängst, den Ergebnissen zu trauen, die es dir bringen kann, wirst du feststellen, dass es zu einem festen Bestandteil bei deinen Denkabläufen wird. Es stellt sich ein Bewusstseinszustand ein, in dem du erkennst, dass du selbst ständig der Schöpfer deines Lebens bist und sonst niemand.

Das ist der Punkt, um den es letztendlich beim kreativen Visualisieren geht – jeden Augenblick unseres Lebens zu einem Augenblick einer phantastischen Schöpfung zu machen und wie selbstverständlich das beste, schönste und glücklichste Leben zu wählen, das wir uns vorstellen können ...

Eine einfache Übung des kreativen Visualisierens

Hier ist eine Grundübung des kreativen Visualisierens:

Denke zuerst an etwas, das du gerne haben möchtest. Wähle für diese Übung etwas Einfaches aus, das dir *leicht* erreichbar erscheint. Es kann ein Gegenstand sein, den du gerne haben möchtest, ein Ereignis, das du dir wünschst, eine Situation, in der du dich gerne wiederfinden würdest oder irgendein Umstand in deinem Leben, den du positiv verändern willst.

Nimm eine bequeme Haltung ein. Du kannst sitzen oder liegen, an einem ruhigen Ort, wo du nicht gestört wirst. Entspanne dich völlig. Denk dir nacheinander jeden einzelnen Muskel entspannt, lass jede Anspannung aus deinem Körper entweichen. Beginne bei den Zehen, und wandere hinauf bis zur Kopfhaut. Atme tief und langsam vom Bauch aus. Zähle langsam von 10 bis 1. Fühle, wie du mit jeder Zahl entspannter wirst.

Du fühlst dich jetzt tief entspannt . . . fang an, deinen Wunsch möglichst genau zu visualisieren. Ist es ein Gegenstand, so stell dir vor, wie du ihn gebrauchst, bewunderst, geniesst und ihn Freunden zeigst. Ist es eine Situation oder ein Ereignis, dann stell dir vor, dass alles genauso geschieht, wie es deinen Wünschen entspricht. Du kannst dir ausmalen, was wohl die Leute dazu sagen würden; oder an bestimmte Einzelheiten denken, die das Ganze für dich wirklicher machen.

Geh in dieser Vorstellung auf ... nur kurz oder ein paar Minuten lang – ganz wie du willst. Hab Spass dabei. Es sollte eine Erfahrung sein, die du total geniesst, wie ein Kind, das sich in einem Wachtraum ausmalt, was es zu seinem Geburtstag möchte.

Bleib noch ein wenig in deiner Vorstellung oder deinem Bild und sag innerlich bewusst «ja» dazu (laut oder still, was dir lieber ist), etwa so:

> *«Ich verbringe hier ein wunderbares Wochenende in den Bergen. Was für ein schöner Urlaub.»*
> oder
> *«Ich habe nun eine wunderbare, glückliche Beziehung mit ... Wir lernen wirklich, uns zu verstehen.»*

Diese positiven Aussagen, die man Affirmationen nennt, sind ein sehr wichtiger Bestandteil des kreativen Visualisierens. Wir werden uns später noch ausführlicher damit beschäftigen.

Mach es dir zur Gewohnheit, nach jedem Visualisieren zu bekräftigen:

> *«Dies oder etwas Besseres manifestiert sich nun für mich auf völlig befriedigende und harmonische Weise, zum Wohl aller Beteiligten.»*

Damit hältst du dich offen für etwas anderes oder sogar Besseres als deine ursprüngliche Vision und du wirst daran erinnert, dass diese Übung nur gelingt, wenn das Wohl aller sichergestellt ist.

Wenn Zweifel auftauchen und dein Verstand «nein» sagen will, wehre dich nicht dagegen oder versuche nicht, diese Reaktion gar nicht erst aufkommen zu lassen. Das würde sie eher nur noch verstärken. Lass sie einfach durch dein Bewusstsein ziehen, und wende dich wieder deinen eigenen positiven Aussagen und Bildern zu.

Mach diese Übung nur so lange, wie du sie geniessen kannst und interessant findest. Das können 5 Minuten oder eine halbe Stunde sein. Mach sie jeden Tag oder so oft du kannst.

Diese Grundübung ist, wie du siehst, relativ einfach. Um daraus jedoch echten Nutzen ziehen zu können, musst du dich im allgemeinen etwas eingehender damit beschäftigen.

Entspanne Dich

Besonders für eine(n) noch Ungeübte(n) ist es wichtig, sich beim kreativen Visualisieren tief zu entspannen. Wenn Körper und Geist tief entspannt sind, verändert sich das Gehirnwellenmuster augenblicklich, es wird langsamer. Diese tiefere, langsamere Schwingungsebene nennt man normalerweise Alpha-Ebene (dein normales, geschäftiges Wachbewusstsein bezeichnet man dagegen als Beta-Ebene). Zur Zeit wird die Wirkung der Alpha-Wellen intensiv erforscht.

Es hat sich herausgestellt, dass die Alpha-Ebene, aufgrund ihrer entspannenden Wirkung auf Geist und Körper, einen sehr heilsamen Bewusstseinszustand auslöst. Und, interessant genug, sie hat sich auch um vieles wirkungsvoller als die aktivere Beta-Ebene erwiesen, wenn es darum geht, wirkliche Veränderungen durch Visualisieren in der sogenannten objektiven Welt herbeizuführen. Was bedeutet das für unsere Praxis? Nun, wenn du lernst, dich tief zu entspannen und kreatives Visualisieren anzuwenden, wirst du dein Leben entscheidend verändern; durch Grübeln, Sich-Sorgen-Machen, Pläne-Schmieden und den Versuch, Dinge und Menschen zu manipulieren, veränderst du sehr viel weniger.

Wenn du gewohnt bist, dich auf eine ganz bestimmte Art tief zu entspannen oder in einen ruhigen, meditativen Zustand zu gelangen, dann wende auf jeden Fall diese Methode an. Bleib ansonsten vielleicht doch bei der Methode, die ich im vorhergehenden Kapitel beschrieben habe – langsam und tief atmen, nacheinander jeden Muskel deines Körpers entspannen und langsam von 10 bis 1 zählen. Ein Yoga- oder Meditationskurs hilft dir sicher weiter, wenn du Schwierigkeiten hast, dich körperlich zu entspannen. Wenn es auch sehr banal klingt: Ein wenig Übung macht dich zum Meister oder zur Meisterin im Entspannen.

Natürlich, ein Nebeneffekt von alldem ist, dass sich tiefe Entspannung sowohl geistig als auch körperlich heilsam und wohltuend auf dich auswirken wird.

Es ist besonders gut, Visualisierungsübungen in der Nacht vor dem Schlafengehen zu machen oder am Morgen gleich nach dem Aufwachen, weil da Geist und Körper oft schon tief entspannt und empfänglich sind. Du willst vielleicht im Bett visualisieren, aber wenn du dabei leicht einschläfst, ist es am besten, du sitzt am Bettrand oder auf einem Stuhl, in einer bequemen Stellung, das Rückgrat aufrecht und im Gleichgewicht. Wenn dein Rückgrat aufrecht ist, fliesst die Energie besser und es stellt sich leichter ein tiefes Alphawellen-Muster ein.

Auch wenn du dir nur kurz, etwa um die Tagesmitte, Zeit für Meditation und kreatives Visualisieren nimmst, wird es dich entspannen, erneuern, und du wirst an diesem Tag mehr im Fluss sein.

Wie visualisiert man?

Viele fragen sich, was denn eigentlich mit dem Begriff «visualisieren» genau gemeint ist. Einige sind beunruhigt, weil sie einfach kein geistiges Bild «sehen» oder keine Phantasien haben, wenn sie die Augen schliessen und sich etwas vorstellen. Andere wiederum meinen, dass sie nichts «sehen» können, sie «denken» irgendwie «daran» oder stellen sich vor, dass sie etwas sehen oder bekommen irgendein bestimmtes Gefühl. Das ist vollkommen in Ordnung. Unsere Phantasie ist dauernd tätig, es geht gar nicht anders. Deshalb ist alles in Ordnung – was beim Visualisieren in dir auch ablaufen mag.

Wenn du dir noch nicht sicher bist, was visualisieren bedeutet, kannst du folgende Übungen durchlesen. Schliess dann die Augen und versuch es:

Schliess die Augen und entspanne dich tief. Denke an irgendein vertrautes Zimmer, etwa an dein Schlafzimmer oder Wohnzimmer. Erinnere dich an einige vertraute Einzelheiten, z. B. an die

Farbe des Teppichs, wo die Möbel stehen, wie hell oder dunkel es ist. Stell dir vor, wie du in das Zimmer gehst und dich auf einen bequemen Stuhl setzt oder dich auf eine Couch legst.

Nun ruf dir ein Erlebnis der letzten paar Tage ins Gedächtnis zurück, das du sehr genossen hast, etwa eine köstliche Mahlzeit, eine Massage, ein erfrischendes Bad oder eine Liebesnacht. Erinnere dich so lebhaft wie möglich daran und geniesse diese lustvollen Empfindungen noch einmal.

Stell dir jetzt vor, du bist in irgendeiner idyllischen Landschaft, entspannst dich vielleicht auf weichem, grünem Gras neben einem kühlen Fluss oder wanderst durch einen schönen, üppigen Wald. Es kann ein Platz sein, wo du schon gewesen bist, oder erträume dir einen Platz, den du gerne aufsuchen würdest. Geh auch hier ins Detail und erschaffe ihn nach deinen Wünschen.

Egal, welche Übung dir nun am meisten zusagt – es ist deine persönliche Art zu «visualisieren».

Es gibt tatsächlich zwei verschiedene Formen des kreativen Visualisierens: die rezeptive und die aktive. Bei der rezeptiven Form entspannen wir uns einfach und lassen Bilder oder Eindrücke auf uns zukommen, ohne auf Einzelheiten Wert zu legen; wir nehmen an, was kommt. Bei der aktiven Form treffen wir ganz bewusst eine Wahl und erschaffen das, was wir sehen oder uns vorstellen wollen. Beide Formen sind ein wichtiger Bestandteil des kreativen Visualisierens, und sowohl deine rezeptiven als auch aktiven Fähigkeiten werden durch Übung gestärkt.

BESONDERE PROBLEME MIT DEM VISUALISIEREN

Es kann vorkommen, dass jemand in seiner Fähigkeit zu visualisieren oder sich willentlich etwas vorzustellen, total blockiert ist und das Gefühl hat: «Ich kann das einfach nicht.» Diese Art von Blockierung entsteht gewöhnlich aus Angst, durch die aber der/die Betreffende gehen kann, wenn er/sie es nur will.

Im allgemeinen blockiert jemand die Fähigkeit, kreatives Visualisieren für sich zu nutzen, aus Angst, das anschauen zu müssen, was in ihm ist – die Angst vor Gefühlen und Emotionen, die man sich selbst nicht eingesteht.

Zum Beispiel konnte ein Mann in einem meiner Kurse einfach nicht visualisieren und schlief immer während der Meditationen ein. Es stellte sich heraus, dass er einmal beim Visualisieren ein starkes emotionales Erlebnis gehabt hatte; er hatte Angst, verlegen zu werden, wenn er vor anderen seine Gefühle zeigt.

In Wahrheit ist *nichts* in uns, was uns verletzen kann; nur die Angst vor unseren eigenen Gefühlen kann uns gefangenhalten.

Wenn etwas Ungewöhnliches oder Unerwartetes während der Meditationen auftaucht, ist es am besten, es einfach voll anzuschauen, dranzubleiben und es so intensiv wie möglich zu spüren. Du wirst feststellen, dass es dich von da an nicht mehr negativ beeinflusst. Wir leiden unter Ängsten, weil wir uns bestimmten Dingen nicht stellen wollen. Wenn wir einmal bereit sind, den Ursprung einer Angst *ohne Ausflüchte und Wenn und Aber* anzuschauen, dann verliert sie ihren Schrecken.

Glücklicherweise sind solche Probleme mit dem Visualisieren selten. In der Regel ist kreatives Visualisieren problemlos. Je mehr du es ausübst, um so weniger Mühe hast du damit.

Vier entscheidende Schritte zum erfolgreichen Visualisieren

1. SETZ DIR EIN ZIEL

Stell dir vor, was du gerne haben würdest, worauf du hinarbeitest, was du verwirklichen oder erschaffen willst. Es kann auf jeder Ebene sein – eine Arbeitsstelle, ein Haus, eine Beziehung, eine Veränderung in dir selbst, mehr Wohlstand, einen glücklicheren Gemütszustand, Gesundheit, Schönheit, eine bessere körperliche Verfassung, oder was auch immer.

Wähle zunächst Ziele, an die du leicht glauben kannst und du die Möglichkeit siehst, sie in naher Zukunft zu verwirklichen. Auf diese Weise stösst du nicht auf allzuviel negativen Widerstand in dir, und du hast mehr Erfolgserlebnisse beim Erlernen des kreativen Visualisierens. Später, wenn du mehr Übung hast, kannst du Probleme angehen, die schwieriger sind und dich mehr fordern.

2. MACH DIR EIN GENAUES BILD

Stell dir im Geist deinen Wunsch-Gegenstand oder deine Wunsch-Situation genauso vor, wie du sie haben willst. Denke einfach, dass dein Wunsch *bereits* Wirklichkeit ist. Mal dir aus, wie du dich jetzt in deiner Wunsch-Situation wiederfindest. Schmücke diese mit so vielen Einzelheiten aus, wie du nur kannst.

3. KONZENTRIERE DICH IMMER WIEDER DARAUF

Denke oft ganz bewusst an deine Vorstellung oder an dein geistiges Bild, in stiller Meditation und gelegentlich auch tagsüber, wenn es dir zufällig in den Sinn kommt. Auf diese Art werden sie Teil deines Lebens, nehmen konkretere Formen an, und du visualisierst erfolgreicher.

Wichtig ist: sei dir bewusst, dass du nicht erbittert darum kämpfen oder übermässig viel Energie dafür aufbringen musst – ein solcher Kampf würde eher hemmend als fördernd wirken.

4. GIB DEINEM ZIEL POSITIVE ENERGIE

Sei positiv und guten Mutes, wenn du dich auf dein Ziel konzentrierst. Bekräftige mit Nachdruck: dass es existiert, dass es schon verwirklicht wurde oder gerade verwirklicht wird. Stell dir vor, wie du es erreichst. Solche positiven Aussagen nennt man «Affirmationen». Beim Arbeiten mit Affirmationen können Bedenken oder Zweifel entstehen. Versuche, nicht darauf zu achten, und lass immer mehr das Gefühl zu, dass dies, was du begehrst, möglich ist.

Arbeite so lange an diesem Prozess, bis du dein Ziel erreicht hast oder gar nicht mehr den Wunsch verspürst, es zu erreichen. Denke daran, dass sich neue Ziele ergeben können, bevor die alten verwirklicht sind. Das gehört zum menschlichen Veränderungs- und Wachstumsprozess und ist ganz natürlich. Versuche nicht, den Prozess in die Länge zu ziehen, wenn du gar keine Energie mehr dafür hast – wenn du das Interesse verlierst, kann das bedeuten, dass es an der Zeit ist, deine alten Ziele neu zu überdenken.

Wenn du merkst, dass du ein anderes Ziel verfolgst, gestehe es dir ruhig ein. Werde dir bewusst, dass du dich nicht mehr auf dein früheres Ziel konzentrierst. Lass das alte Ziel los, und beschäftige dich von nun an intensiv mit dem neuen. So kannst du unnötige Verwirrung und das Gefühl, «versagt» zu haben, vermeiden, wenn du dich schlicht und einfach nur verändert hast.

Mach es dir ganz bewusst, wenn du ein Ziel erreicht hast. Oft bekommen wir Dinge, die wir uns die ganze Zeit gewünscht und visualisiert haben und bemerken gar nicht, dass sich unsere Wünsche erfüllt haben. Lobe dich also selbst ein wenig, sei stolz auf deine Leistung und vergiss nicht, dem Universum für die Erfüllung deiner Wünsche zu danken.

Kreatives Visualisieren kann nur Gutes bewirken

Du brauchst nicht zu befürchten, dass kreatives Visualisieren zu verderblichen Zwecken missbraucht werden kann. Es ist ein Weg, wie wir Barrieren wegräumen oder auflösen können, die wir selbst dem von Natur aus harmonischen, verschwenderischen und liebevollen Fluss des Universums entgegengestellt haben. Als richtig wirkungsvoll erweist sich schöpferisches Visualisieren erst, wenn wir es in Übereinstimmung mit unseren edelsten Zielen und Absichten anwenden, zum höchsten Wohl aller Lebewesen.

Wenn jemand versuchen sollte, diese wirkungsvolle Methode auf zerstörerische Weise für selbstsüchtige Zwecke einzusetzen, würde er damit lediglich beweisen, dass er das Gesetz des Karma nicht kennt. Dieses Gesetz ist ebenso ein Grundprinzip wie das Gesetz der Ausstrahlung und Anziehung. «Was du säst, wirst du ernten.» Egal, was du anderen wünschst, es wird auch dir geschehen. Dies ist sowohl bei liebevollen, hilfreichen oder heilsamen, als auch bei negativen, zerstörerischen Taten zutreffend. Je mehr du im selben Mass wie für dich kreatives Visualisieren anwendest, um andere zu lieben und ihnen zu helfen, um so mehr Liebe, Glückseligkeit und Erfolg wirst du selbst erfahren.

Um sicher zu gehen, dass dir das bewusst ist, könntest du jede Visualisierungsübung mit folgendem Satz abschliessen:

> *«Dies oder etwas Besseres manifestiert sich nun für mich auf völlig befriedigende und harmonische Weise, zum Wohl aller Beteiligten.»*

Ein Beispiel: Du visualisierst, in deinem Beruf befördert zu werden. Stell dir nun nicht vor, dass deine Vorgesetzte/dein Vorgesetzter entlassen wird, sondern stell dir vor, wie sie oder er sich anderen, besseren Dingen zuwendet oder eine bessere Stelle bekommt, die sie/ihn mehr ausfüllt, so dass das Wohl aller sichergestellt ist. Du brauchst gar nicht zu verstehen oder Überlegungen anzustellen, *wie* das geschehen wird; geh einfach davon aus, dass sich alles zum besten wenden wird, und überlass es der universellen Intelligenz, die Einzelheiten zu erledigen.

Affirmationen

Eines der wichtigsten Elemente der kreativen Visualisierung sind die Affirmationen. Affirmation (lat. «firmus» = fest, stark, kräftig) bedeutet Bejahung, Bekräftigung, Bestätigung, Zustimmung, Versicherung. Eine Affirmation sagt entschieden und unzweifelhaft aus, dass etwas *schon jetzt* so oder so ist.

Die meisten von uns sind sich der Tatsache bewusst, dass sich in unseren Köpfen fast ununterbrochen ein innerer Dialog abspielt. Der Verstand ist damit beschäftigt, mit sich selbst zu «reden». Er gibt unaufhörlich endlose Erklärungen ab, über das Leben, die Welt, unsere Gefühle, unsere Probleme, andere Menschen etc.

Worte und Vorstellungen, die sich durch unser Denken ziehen, sind sehr wichtig. Meistens nehmen wir diese Gedankenflut bewusst gar nicht wahr, und dennoch: die Grundlage für die Art und Weise, wie wir unsere Wirklichkeit erfahren, ergibt sich aus dem, was wir uns innerlich «selbst erzählen». Dieser innere Kommentar beeinflusst und prägt unsere Gefühle und die Wahrnehmung dessen, was in unserem Leben passiert, und es ist unser Gedankensystem, das letzten Endes dafür verantwortlich ist, was uns geschieht und was wir erleben.

Jeder, der meditiert, weiss, wie schwierig es sein kann, dieses innere «Sprechen im Kopf» verstummen zu lassen, um mit unserer tiefsinnigeren, weiseren Intuition in Kontakt zu kommen. Es gibt eine traditionelle Meditationsübung, bei der man einfach den inneren Dialog so unbeteiligt wie möglich beobachtet.

Das ist eine sehr wertvolle Erfahrung, denn dadurch wird dir vollkommen bewusst, welche Art von Gedanken du gewöhnlich denkst. Viele dieser Gedanken sind wie Tonbandaufnahmen von alten Mustern, die uns das ganze Leben begleitet haben. Es sind alte, selbstgewählte «Programmierungen», die sich schon lange Zeit in uns abspulen und immer noch unsere Gegenwart beeinflussen.

Mit Hilfe von Affirmationen können wir allmählich das abgedroschene und fade Geplapper in unserem Kopf durch positivere Ideen und Gedanken ersetzen. Diese wirkungsvolle Technik kann innerhalb kurzer Zeit unsere Einstellungen und Erwartungen dem Leben gegenüber völlig umwandeln und damit auch von Grund auf verändern, was wir uns selbst erschaffen.

Affirmationen kann man schweigend machen, laut aussprechen, niederschreiben und sogar singen. Wirkungsvolle Affirmationen, nur 10 Minuten täglich gemacht, können jahrelange Denkgewohnheiten ändern. Selbstverständlich wirst du deine Wirklichkeit um so positiver gestalten können, je häufiger dir bewusst wird, was du dir «selbst erzählst» und je mehr positive, inspirierende Worte und Gedanken du wählst.

Jede positive Aussage kann eine Affirmation sein. Sie kann sehr allgemein oder ganz fest umrissen sein. Es gibt eine unbegrenzte Anzahl von möglichen Affirmationen; hier sind ein paar, damit du eine Vorstellung davon bekommst:

Mir geht es jeden Tag und in jeder Hinsicht immer besser und besser.

Alles kommt leicht und mühelos zu mir.

Ich bin ein strahlendes Wesen, voller Licht und Liebe.
Ich bin von Natur aus erleuchtet.
Mein Leben ist wie eine Blüte in höchster Vollkommenheit.
Ich geniesse mein Hier und Jetzt, und alles, was ich dazu brauche, ist schon da.
Ich bin der Meister meines Lebens.
Alles, was ich brauche, ist schon in mir.
In meinem Herzen ist vollendete Weisheit.
Ich bin ganz und vollkommen.
Ich mag und liebe mich, so wie ich bin.
Ich nehme all meine Gefühle als Teil von mir selbst an.
Ich liebe es, zu lieben und geliebt zu werden.
Je mehr ich mich selbst liebe, desto mehr kann ich auch andere lieben.
Ich gebe und empfange Liebe mit offenem Herzen.
Ich habe nun liebevolle, befriedigende und glückliche Beziehungen.
Meine Beziehung mit _____ wird jeden Tag glücklicher und erfüllt mich immer mehr.
Ich habe nun eine ideale, befriedigende und gutbezahlte Arbeit.
Ich mache meine Arbeit gern und werde reichlich entlohnt, ideell und finanziell.
Ich bin ein offener Kanal, durch den schöpferische Energie fliesst.
Ich gehe voll aus mir heraus.
Ich teile mich anderen immer klar und verständlich mit.
Ich habe jetzt genug Zeit, Energie, Verstand und Geld, um all meine Wünsche zu erfüllen.
Ich bin immer am richtigen Ort zur richtigen Zeit und mache mit Erfolg genau das Richtige.
Es ist in Ordnung für mich, alles zu haben, was ich mir auch wünsche.
Das Universum ist reich, und es ist genug für uns alle da.
Überfluss ist ganz selbstverständlich für mich. Ich nehme ihn jetzt an.

Unermessliche Reichtümer fliessen jetzt ungehindert in mein Leben.
Ich werde jeden Tag finanziell wohlhabender.
Je mehr ich habe, desto mehr kann ich geben.
Je mehr ich gebe, desto mehr bekomme ich und desto glücklicher bin ich.
Es ist in Ordnung für mich, Spass zu haben und mich zu amüsieren – ja!
Ich bin entspannt und in meiner Mitte. Ich habe für alles eine Menge Zeit.
Ich geniesse nun alles, was ich tue.
Ich bin glücklich und selig, einfach weil ich lebe.
Ich strotze vor Gesundheit und bin strahlend schön.
Ich bin bereit, alle Segnungen dieses überreichen Universums zu empfangen.

______________________ (Das Gewünschte bitte einsetzen!)
kommt zu mir (entwickelt sich, ergibt sich, entsteht für mich, gelingt mir) leicht und mühelos.
Einfach wunderbar: meine Arbeit, die Bezahlung und was ich alles leiste.
Das Licht Gottes in mir bringt jetzt und jederzeit Erfüllung in mein Leben.
Das Licht in mir lässt in meinem Leben hier und jetzt Wunder geschehen.
Ich danke für die göttliche Erneuerung meines Geistes und Körpers, meiner finanziellen Angelegenheiten und all meiner Beziehungen.
Alles in meinem Leben entwickelt sich nun zum Guten.
Ich lasse mich jetzt ganz auf den göttlichen Plan in meinem Leben ein.
Ich erkenne jetzt den göttlichen Plan in meinem Leben immer besser.
Ich nehme ihn an und verwirkliche ihn.
Ich sage nun «danke» für mein Leben voller Gesundheit, Reichtum, Glückseligkeit und Selbst-Verwirklichung.

Hier einige wichtige Einzelheiten über Affirmationen, die zu beachten sind:

1. Formuliere Affirmationen nicht in der Zukunfts-, sondern immer in der Gegenwartsform. Geh davon aus, dass etwas *jetzt bereits existiert*. Sag nicht «Ich werde eine wundervolle neue Arbeitsstelle bekommen», sondern «Ich habe jetzt eine wundervolle neue Arbeitsstelle». Du belügst dich damit nicht selbst; du räumst nur ein, dass tatsächlich alles *zuerst* auf der gedanklich-geistigen Ebene erschaffen wird, bevor es in der objektiven Realität in Erscheinung tritt.

2. Formuliere Affirmationen immer so positiv wie nur möglich. Bekräftige das, was du *möchtest* und nicht das, was du *nicht* möchtest. Sag nicht «Ich verschlafe mich morgens nicht mehr», sondern «Ich wache jeden Morgen rechtzeitig und voller Energie auf». Positiver kannst du es gar nicht formulieren.

Manchmal mag es dir hilfreich erscheinen, Affirmationen negativ zu formulieren, vor allem dann, wenn du gerade daran arbeitest, dich von besonderen Gefühlsblockaden oder schlechten Gewohnheiten zu befreien; z. B. «Ich brauche mich nicht zu verspannen, um die Dinge zu einem guten Abschluss zu bringen». *Mach* aber *nach* dieser Art von Affirmation immer eine positive, die verdeutlicht, was du erreichen möchtest, z. B. «Ich bleibe jetzt tief entspannt und in meiner Mitte, und alles gelingt mir mühelos.»

3. Im allgemeinen kann man sagen: je kürzer und einfacher eine Affirmation ist, desto wirkungsvoller ist sie. Eine Affirmation sollte eine klare Aussage sein, die ein intensives Gefühl zum Ausdruck bringt; je stärker das Gefühl ist, desto stärker prägt es dein Denken. Affirmationen, die lang, weitschweifig und rein spekulativ sind, verlieren ihre emotionale Wucht und werden zu einem «Kopftrip».

4. Wähle immer Affirmationen, bei denen du fühlst, dass sie genau richtig sind für dich. Was für einen Menschen gut ist,

braucht noch lange nicht auch für einen anderen gut sein. Affirmationen sollten positiv, inspirierend, befreiend und/oder unterstützend sein. Wenn eine Affirmation, mit der du arbeitest, diese Eigenschaften nicht hat, solltest du versuchen, sie so zu formulieren, dass sie diesen Anforderungen gerecht wird, oder gleich eine andere finden.

Es ist natürlich, wenn du zunächst gegen jede Affirmation, die neu für dich ist, einen gefühlsmässigen Widerstand spürst. Dies ist besonders dann der Fall, wenn sie tatsächlich etwas anrührt in dir und eine echte Veränderung in deinem Bewusstsein bewirkt. Es ist einfach der anfängliche Widerstand des Egos gegenüber Veränderung und Wachstum.

5. Denke immer daran, wenn du Affirmationen machst, dass du dadurch etwas Neues und bisher Unbekanntes entstehen lässt. *Du versuchst nicht, Altes zu wiederholen, oder zu verändern, was schon ist.* Das würde bedeuten, sich dem zu widersetzen, was *ist*, was wiederum Konflikt und Kampf verursacht.

Nimm einfach dein Leben so an, wie es in diesem Augenblick ist, und setz dich mit dem auseinander, was in deinem Leben schon da ist. So bietet jeder Augenblick eine neue Gelegenheit, genau das zu erschaffen, was du möchtest, und du wirst der glücklichste Mensch sein.

6. Mit Affirmationen sollen deine Gefühle oder Emotionen keineswegs *bestritten* werden, und es soll auch nicht *versucht werden, sie zu ändern*. Wichtig ist es, *all* deine Gefühle, einschliesslich der sogenannten «negativen», anzunehmen und zu spüren, ohne sie ändern zu wollen. Gleichzeitig können dir Affirmationen helfen, das Leben gleichsam mit neuen Augen zu sehen. Du machst immer öfter befriedigende Erfahrungen.

7. Bemühe dich so intensiv wie möglich, eine Atmosphäre der Zuversicht entstehen zu lassen, wenn du Affirmationen machst. Lass dich darauf ein, dass sie wahr sein können. Setz deine Zweifel und deine Bedenken zeitweilig (wenigstens für

ein paar Minuten) ausser Kraft, und lege deine ganze intellektuelle und emotionale Energie in die Affirmationen.

Mach eine Klärungsübung, oder fixiere Affirmationen schriftlich, wie es im vierten Teil dieses Buches vorgeschlagen wird, wenn Zweifel, Widerstände oder negative Gedanken auftauchen, während du mit Affirmationen arbeitest.

Versuche lieber, anstatt Affirmationen rein mechanisch herzusagen, ein Gefühl dafür zu bekommen, dass du wirklich die Kraft hast, die gewünschte Realität zu erschaffen (was du ja schon machst!). Das ist ganz entscheidend dafür, wie wirkungsvoll Affirmationen sind.

Du kannst Affirmationen machen und dabei visualisieren oder dir etwas bildlich vorstellen oder du kannst darauf verzichten. Affirmationen sollten aber immer ein fester Bestandteil deiner regelmässigen Visualisierungsübungen sein.

Affirmationen sind oft höchst wirkungsvoll und inspirierend, wenn sie sich auf spirituelle Quellen beziehen. Das Erwähnen von Gott, Christus, Buddha oder eines anderen grossen Meisters gibt deiner Affirmation zusätzlich spirituelle Energie und erkennt die universale Quelle aller Dinge an. Du könntest auch «göttliche Liebe», das «Licht in mir» oder «universale Intelligenz» sagen, wenn dir eine andere Ausdrucksweise lieber ist.

Hier einige Beispiele:

Göttliche Liebe ist durch mich hier und jetzt wirksam, um dies entstehen zu lassen.

Christus in mir vollbringt hier und jetzt Wunder in meinem Leben.

Ich bin mit meiner wahren Natur eins und habe unbegrenzte schöpferische Kräfte.

Mein höheres Selbst leitet mich in allem, was ich tue.

Gott wohnt in mir und manifestiert sich durch mich in der Welt.

Das Licht Gottes umgibt mich, die Liebe Gottes macht mich offen, die Kraft Gottes durchströmt mich.

Gott ist überall, wo ich bin, und alles ist gut.

Ein spirituelles «Paradox»

Menschen, die mit östlicher Philosophie vertraut sind oder eine Erweiterung ihres Bewusstseins anstreben, haben manchmal gewisse Bedenken, kreatives Visualisieren anzuwenden, wenn sie zum erstenmal davon hören. Ihr Konflikt rührt von dem *scheinbaren* Paradox her, das sie zwischen der Idee sehen, «ganz im Hier und Jetzt zu sein», jegliches Verhaftetsein an die Dinge und Wünsche aufzugeben und loszulassen, und der anderen Idee, sich Ziele zu setzen und das zu verwirklichen, was man will im Leben. Ich sage *scheinbares* Paradox, denn in Wirklichkeit gibt es keinen Widerspruch zwischen den beiden Lehren, wenn sie auf einer tieferen Ebene verstanden werden. Beide sind wichtige Prinzipien, die man verstehen und leben muss, um ein bewusster Mensch zu werden. Ich möchte erklären, wie gut sie zusammenpassen. Lass mich darlegen, wie meiner Ansicht nach inneres Wachstum geschieht.

Die meisten Menschen in unserer Kultur wissen einfach nicht, wer sie wirklich sind. Sie haben zeitweilig ihre bewusste Verbindung mit ihrem höheren Selbst und deshalb auch das Gefühl für die eigene Stärke und die Verantwortung für ihr Leben verloren. Innerlich fühlen sie sich irgendwie hilflos; sie fühlen sich im Grunde machtlos, ihr Leben oder die Welt wirklich zu verändern und überkompensieren daher dieses innere Gefühl der Ohnmacht: Sie mühen sich ab und kämpfen sehr hart, um wenigstens einen *gewissen* Grad an Einfluss oder Kontrolle in ihrer Welt zu haben.

Auf diese Weise werden die Menschen sehr zielfixiert; sie kleben gefühlsmässig an äusseren Dingen oder Menschen, ohne die sie ihrer Meinung nach nicht glücklich werden können. Sie fühlen, dass etwas in ihnen «fehlt» und sind deshalb angespannt, ängstlich und unter Druck, versuchen dauernd, das Loch auszufüllen und die Welt draussen zu manipulieren, um das zu bekommen, was sie sich wünschen.

In diesem Seinszustand legen die meisten ihre Ziele fest und versuchen zu bekommen, was sie in ihrem Leben wollen. Leider gelingt ihnen das auf dieser Bewusstseinsebene überhaupt nicht ... entweder sie legen sich selbst so viele Hindernisse in den Weg, dass es einfach *nicht* gelingen *kann*, oder sie erreichen *tatsächlich* ihre Ziele, nur um dann feststellen zu müssen, dass sie dadurch innerlich auch nicht glücklicher werden.

Wir erkennen dieses Dilemma in dem Augenblick, wo wir anfangen, einen spirituellen Weg zu gehen. Es wird uns klar, dass das Leben einfach mehr sein muss, und wir beginnen danach zu suchen.

Wenn wir auch auf unserer Suche viele verschiedene Erfahrungen machen und durch viele Prozesse gehen – wir werden immer mit uns selbst konfrontiert. Mit anderen Worten, wir bekommen wieder ein Gefühl dafür, was unser wahres Selbst ist, unsere gottähnliche Natur oder der universale Geist – all dies ist in jedem von uns. Durch diese Erfahrung entdecken wir schliesslich unsere ganze spirituelle Kraft wieder, an Stelle der inneren Leere tritt ein Reichtum *von innen her*, und wir werden zu strahlenden Wesen, die das Licht und die Liebe, die aus unserem Innern kommt, mit allen gemeinsam geniessen, die in unserer Nähe sind.

Dieser Prozess ist als Erleuchtung bekannt, und ich glaube,

dass sich jedes Individuum in diesem Sinne ständig weiterentwikkelt und diese Entwicklung erst dann abgeschlossen ist, wenn alle Lebewesen erleuchtet sind. Also sind wir alle gleichermassen verantwortlich für unsere eigene Erleuchtung und für die Erleuchtung aller Lebewesen auf diesem Planeten . . .

Kehren wir aber zu unserem vermeintlichen Paradox zurück.

Willst du von dem Zustand der Leere, des Besitzergreifens und Manipulierens wegkommen, heisst die allererste Lektion, die es zu lernen gilt: einfach *loslassen*. Entspanne dich, hör auf zu kämpfen, hör auf, dich so anzustrengen, hör mit dem Versuch auf, durch Manipulation von Dingen und Menschen das zu bekommen, was du möchtest und brauchst. Ja, hör ganz einfach auf, so viel zu *tun*, und erlebe für eine Weile, wie es ist, einfach *da zu sein*.

So entdeckst du plötzlich, dass du wirklich total in Ordnung bist, du fühlst dich tatsächlich ganz wunderbar, wenn du dich so sein lässt, wie du bist, und wenn du die Welt so sein lässt, wie sie ist, ohne zu versuchen, die Dinge zu ändern. Das ist im wesentlichen die Erfahrung, im *Hier und Jetzt zu sein*, und das ist es, was in der buddhistischen Lehre unter «Loslösung von irdischen Bindungen» verstanden wird. Es ist eine befreiende und grundlegende Erfahrung auf dem Weg zur Selbst-Erkenntnis.

Wenn du diese Erfahrung immer öfter machst, öffnet sich dir der Zugang zu deinem höheren Selbst, und über kurz oder lang wird dich eine Menge natürlicher kreativer Energie durchströmen. Du erkennst immer mehr, dass du selbst es bist, der sein ganzes Leben und jede persönliche Erfahrung erschafft, und du bekommst ein Interesse daran, dass es dir und anderen besser geht. Du willst deine Energie immer mehr auf die höchsten und wirklich lohnenden Ziele konzentrieren, die für dich jederzeit Wirklichkeit sein können. Du erkennst, dass das Leben im Grunde gut und reich ist und Spass macht. Dein natürliches Geburtsrecht heisst «leben» und das bedeutet, ohne Kampf und Anstrengung zu bekommen, was du wirklich möchtest. Hier kann schöpferisches Visualisieren enorm weiterhelfen.

Folgendes Bild wird das Ganze hoffentlich noch klarer machen:

Stellen wir uns vor, das Leben ist ein Fluss. Die meisten Menschen halten sich am Ufer fest und haben Angst davor, loszulassen und damit zu wagen, von der Strömung weitergetragen zu werden. An einem bestimmten Punkt muss jeder bereit sein, einfach loszulassen und dem Fluss vertrauen, dass er ihn sicher weiterträgt. An diesem Punkt lernst du, «mit dem Fluss zu gehen» oder «im Fluss zu sein», und es ist ein wunderbares Gefühl.

Wenn du dich einmal daran gewöhnt hast, in der Strömung des Flusses zu sein, kannst du vorausschauen und deinen weiteren Kurs selbst bestimmen und dir den besten aussuchen, Gesteinsbrocken und Baumstümpfen ausweichen, entscheiden, welchem der vielen Flussläufe und -arme du folgen willst, während du «im Fluss bleibst».

Diese Analogie zeigt uns: wir können unser Hier und Jetzt geniessen, in und mit dem fliessen, was ist, uns gleichzeitig bewusst zu unseren Zielen hinbewegen und Verantwortung dafür übernehmen, wie wir unser Leben gestalten.

Denke auch daran, dass schöpferisches Visualisieren ein Instrument ist, das für jeden Zweck benutzt werden kann, einschliesslich der eigenen Bewusstseinserweiterung. Es ist oft sehr hilfreich, wenn du dir beim schöpferischen Visualisieren vorstellst, entspannter, offener zu sein, zu fliessen und im Hier und Jetzt zu leben und mit deinem innersten Wesen immer Kontakt zu haben.

Mögest du gesegnet sein mit allem, was dein Herz begehrt.

TEIL 2

Wie du kreatives Visualisieren nutzen kannst

Bittet, und es wird euch gegeben werden;
suchet, und ihr werdet finden;
klopfet an, und es wird euch aufgetan.
Denn jeder, der bittet, empfängt;
und wer sucht, der findet;
und wer anklopft, dem wird aufgetan werden.
Matthäus 7:7,8

Kreatives Visualisieren als fester Bestandteil deines Lebens

Wie aus dem ersten Teil hervorgeht, ist die Grundtechnik des kreativen Visualisierens nicht schwierig.

Nun ist es wichtig zu lernen, sie so anzuwenden, dass sie dir auch wirklich nützt ... dass sie dir hilft, dein Leben positiv zu verändern. Es ist von Vorteil, bestimmte Begriffe zu verstehen und einige weitere Techniken zu erlernen, kreatives Visualisieren wirkungsvoll nutzen zu können.

Das Wichtigste ist, kreatives Visualisieren oft anzuwenden, es zu einem festen Bestandteil seines Lebens zu machen. Die meisten finden es offenbar am günstigsten, wenn sie sich täglich wenigstens ein bisschen darin üben, besonders wenn sie erst damit anfangen.

Ich schlage vor, regelmässig jeden Morgen nach dem Aufwachen und jeden Abend vor dem Schlafengehen (zu diesen Zeiten ist es am wirkungsvollsten) etwa fünfzehn Minuten lang Visualisierungsübungen zu machen. Auch die Mittagszeit ist dafür geeignet. Beginne deine Meditation immer mit tiefer Entspannung, und setze sie dann fort mit den Visualisierungen oder Affirmationen, die du machen willst.

Es gibt viele verschiedene Arten zu visualisieren und es liegt ganz bei dir, sie einfach mal auszuprobieren. Kreatives Visualisieren kann eine neue Art des Denkens, eine neue Art zu leben sein, doch es erfordert einige Übung.

Mach Experimente damit in verschiedenen Situationen und verschiedenen Lebenslagen, und wende es so oft wie möglich an, um Probleme unterschiedlichster Art zu lösen. Stell dir selbst die Frage, ob dir kreatives Visualisieren helfen könnte, wenn du spürst, dass dich irgend etwas beunruhigt, verwirrt oder wenn dich ein Problem entmutigt und enttäuscht sein lässt. Visualisiere bei jeder passenden Gelegenheit. Sei erfinderisch!

Sei nicht entmutigt, wenn du mit dem kreativen Visualisieren nicht *sofort* absoluten Erfolg hast. Wie du weisst, müssen die meisten von uns negative Denkmuster überwinden, die sie über Jahre hinweg aufrechterhalten haben. Es braucht Zeit, einige dieser «guten alten» Gewohnheiten zu ändern. Und viele von uns haben unterschwellige Gefühle und Einstellungen, die uns in dem Bemühen, bewusster zu leben, behindern.

Glücklicherweise ist kreatives Visualisieren eine so wirkungsvolle Methode, dass selbst fünf Minuten, in bewusster und positiver Meditation verbracht, Stunden, Tage, ja sogar Jahre, in denen negative Muster vorherrschten, ausgleichen können.

Sei also geduldig. Du hast ein Leben lang gebraucht, dir deine Welt so zu erschaffen, wie sie jetzt ist. Eine Veränderung muss nicht unbedingt sofort geschehen (obwohl es oft so ist). Mit Beharrlichkeit und der richtigen Einstimmung wirst du so etwas wie Wunder in deinem Leben vollbringen.

In meinem Wachstumsprozess waren für mich zwei Dinge überaus wichtig:

1. Regelmässiges Lesen inspirierender und erbauender Bücher, die meine höchsten Ideale und Sehnsüchte in mir lebendig halten. Gewöhnlich liegt neben meinem Bett ein Buch, und ich lese darin täglich ein oder zwei Seiten.

2. Ein Freund/eine Freundin oder (was ideal wäre) ein Kreis von Freunden, die ebenfalls bewusster leben wollen, dich unterstützen und dir bei deinen Bemühungen helfen können. In fortlaufenden oder auch einmaligen Kursen und Seminaren, die Bewusstseinserweiterung zum Thema haben, können sich die Teilnehmer auf diese Art gegenseitig unterstützen.

In den folgenden Kapiteln stelle ich viele verschiedene Techniken, Ideen, Übungen und Meditationen vor. Wähle diejenigen aus, die dir zusagen und Erfolg versprechen. Kreatives Visualisieren ist sehr vielschichtig, und jeder macht sich anders damit vertraut. Ich habe deshalb versucht, sehr vielfältige Übungen aufzunehmen. Es gibt Übungen, die für bestimmte Situationen wie geschaffen sind, während andere sich nicht dafür eignen. Folge deinem Energiefluss, und arbeite mit denen, die dich ansprechen.

Ein Beispiel: Du versuchst, in einer bestimmten Situation Affirmationen zu machen und merkst, es geht einfach nicht und es sieht nicht danach aus, dass du etwas erreichst damit. In diesem Fall könntest du den Wunsch haben, eine Klärungsübung zu versuchen oder mit deinem höheren Selbst oder inneren Führer in Kontakt zu kommen und beide zu fragen, was du tun sollst.

Was einmal wirkt, braucht nicht immer wirken; was für eine Person gut ist, braucht nicht auch für eine andere gut zu sein. Hab immer Vertrauen in dich selbst und deine eigenen inneren Impulse.

Spürst du, dass du etwas erzwingen willst, dich mühsam vorankämpfst, dich abmühst und überanstrengst ... hör auf damit.

Wenn dich etwas positiver macht, befreit, öffnet, kräftigt und inspiriert, dann bleib dabei.

Sein, Tun und Haben

Das Leben umfasst, um es sich sehr modellhaft vorzustellen, drei Ebenen, und wir können diese Ebenen Sein, Tun und Haben nennen.

Sein ist die grundlegende Erfahrung, zu leben und bewusst zu sein. Wir machen diese Erfahrung, vollkommen zu sein und in uns selbst zu ruhen, in tiefer Meditation.

Tun ist Bewegung und Aktivität und entsteht aus der natürlichen, schöpferischen Energie, die durch alles Lebendige fliesst. Sie ist die Quelle unserer Lebenskraft.

Haben heisst, in Beziehung zu stehen mit anderen Menschen und Dingen im Universum. Es ist die Fähigkeit, Dinge und Menschen in unser Leben treten zu lassen und sie anzunehmen; unbefangen denselben Lebensraum miteinander zu teilen.

Sein, Tun und Haben sind wie ein Dreieck, bei dem alle Seiten einander stützen.

Sie stehen nicht in Konflikt miteinander.

Alle drei bestehen gleichzeitig.

Oft leben die Menschen «verkehrt»: sie versuchen mehr Dinge oder mehr Geld zu *haben*, um mehr *tun* zu können, was sie wollen, damit sie glücklicher *sind*.

Es funktioniert aber genau umgekehrt. Du musst zuerst *sein*, wer du wirklich bist, dann *tun*, was du tun musst, um zu *haben*, was du möchtest.

Der Zweck des kreativen Visualisierens ist folgender:

eine Verbindung zu unserem Sein herzustellen
unser Tun zu intensivieren und zu fördern
unser Haben zu vermehren und zu entfalten.

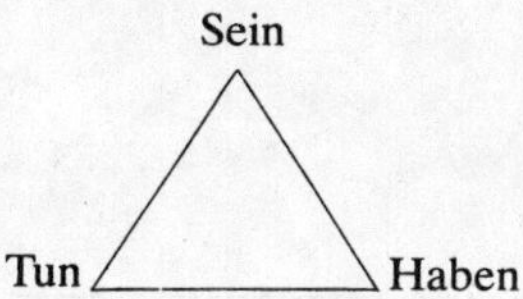

Drei wesentliche Faktoren

Der Erfolg des kreativen Visualisierens hängt immer von drei Faktoren ab:

1. *Der Wunsch*. Nehmen wir an, du hast dich entschieden, irgend etwas zu visualisieren. Nun musst du auch wirklich den Wunsch haben, dies zu bekommen oder zu erschaffen. Unter Wunsch verstehe ich hier nicht ein süchtiges, Besitz ergreifendes Verlangen, sondern ein klares, starkes Gefühl, zielbewusst zu sein.

Stell dir selbst die Frage: «Will ich ernsthaft, tief in meinem Herzen, dieses Ziel verwirklichen?»

2. *Der Glaube*. Je mehr du an das gesetzte Ziel und an die Möglichkeit, es zu erreichen, glaubst, um so eher wirst du Erfolg haben. Frag dich wieder: «Glaube ich wirklich an dieses Ziel?» und «Vertraue ich innerlich darauf, dass ich es verwirklichen oder erreichen kann?»

3. *Das Annehmen.* Du musst bereit sein, das Gesuchte *anzunehmen* und zu *behalten*, wenn du es gefunden hast. Manchmal verfolgen wir Ziele und wollen sie eigentlich gar nicht erreichen; es gefällt uns besser, sie bloss anzustreben. Stell die Frage: «Bin ich wirklich bereit, das Angestrebte vollständig *anzunehmen*?»

Diese drei Faktoren lassen sich in dem Begriff *Absicht (Intention)* zusammenfassen. Wenn du fest entschlossen bist, etwas zu verwirklichen – du begehrst es leidenschaftlich, hast volles Vertrauen, dass es dir gelingt und bist vollkommen bereit, es anzunehmen – ja, dann muss es sich einfach manifestieren, und zwar in der Regel sehr bald.

Je klarer und entschlossener deine Absicht ist, desto schneller und leichter wird dein schöpferisches Visualisieren von Erfolg gekrönt sein. Mach dir immer klar, wie es um deine Absicht bestellt ist. Wenn sie schwach oder unsicher ist, so kann sie oft durch folgende Affirmation bekräftigt werden:

Ich bin nun fest entschlossen, dies hier und jetzt zu verwirklichen!

Dein höheres Selbst

Die Erfahrung, von der «Quelle» herzukommen, ist äusserst wichtig und lässt kreatives Visualisieren wirkungsvoll und erfolgreich werden.

Quelle bedeutet die Versorgung mit der grenzenlosen Liebe, Weisheit und Energie des Universums. Für dich ist die Quelle vielleicht Gott, der universale Geist, die All-Einheit oder dein wahres Wesen. Gleichgültig, welche Begriffe wir dafür verwenden, die Quelle kann hier und jetzt in jedem von uns, in unserem innersten Sein entdeckt werden.

Ich stelle mir das Kontaktaufnehmen mit der Quelle gerne vor als Verbundensein mit dem höheren Selbst, dem gottähnlichen Wesen, das uns innewohnt. Charakteristisch für dieses Verbundensein ist ein intensives Gefühl von Wissen und Sicherheit, Kraft, Liebe und Weisheit. Du erschaffst dir, wie du weisst, deine eigene Welt – du hast unbegrenzte Kraft, sie ganz makellos zu erschaffen.

Wir alle kennen die Erfahrung, mit unserem höheren Selbst

verbunden zu sein, auch wenn wir sie nicht – wie wir es eben versucht haben – mit Worten beschrieben haben. Wenn du dich aussergewöhnlich gut, klar und stark fühlst, wenn dir «die Welt zu Füssen liegt» oder wenn du «Berge versetzen könntest», das sind Anzeichen dafür, dass du mit deinem höheren Selbst in Verbindung stehst; ebenso ist es mit der Erfahrung, sich zu verlieben ... wenn du mit dir selbst und der Welt in reinen bist, denn deine Liebe für einen anderen Menschen bewirkt, dass sich dein höchstes Selbst manifestiert.

Wenn du die ersten bewussten Erfahrungen mit deinem höheren Selbst machst, wirst du merken, dass es ziemlich sporadisch kommt und geht. Du magst dich stark, klar und schöpferisch fühlen, und im nächsten Augenblick kann es sein, dass du wieder in Verwirrung und Unsicherheit zurückfällst. Das ist ganz natürlich und gehört zum Entwicklungsprozess. Sobald du von der Existenz deines höheren Selbst einmal weisst, kannst du es herbeirufen, wann immer du es brauchst, und allmählich wirst du spüren, dass es immer häufiger mit dir ist.

Die Verbindung zwischen dir und deinem höheren Selbst ist ein Zwei-Weg-Kanal und es ist wichtig, dass ein Fliessen in beide Richtungen entsteht.

Rezeptiv: Wenn du während einer Meditation ruhig wirst und in einen Zustand des reinen Seins kommst, öffnest du den Kanal, so dass dir deine Intuition höhere Weisheit und Führung zuteil werden lässt. Du kannst Fragen stellen, und die Antworten werden mit Hilfe von Worten, inneren Bildern oder Gefühlseindrükken gegeben.

Aktiv: Sobald du dich als der Schöpfer deines Universums erlebst, wählst du bewusst aus, was du erschaffen willst. Du setzt die unbegrenzte Energie, Macht und Weisheit deines höheren Selbst dafür ein, das Erwünschte durch aktives Visualisieren und Affirmationen zu manifestieren.

Erst wenn der Kanal in beiden Richtungen offen ist und ein ungehindertes Fliessen stattfindet, wirst du ständig von deiner höheren Weisheit geleitet. Auf dieser Grundlage triffst du Entscheidungen und kannst deine Ideal-Welt erschaffen.

Beinahe jede Form von Meditation verhilft dir schliesslich zu der Erfahrung, dass du deine eigene Quelle oder dein höheres Selbst bist. Mach dir keine Sorgen, wenn du dir unsicher bist, welche Art von Erfahrung das ist. Führe einfach deine Entspannungs-, Visualisierungs- und Affirmationsübungen weiterhin durch. Schliesslich wirst du gewisse Augenblicke während deiner Meditation erleben, wo es in deinem Bewusstsein «klick» macht und du spürst, dass es wirklich klappt; vielleicht erlebst du sogar, wie eine Menge Energie durch dich hindurchströmt, oder du fühlst ein warmes, strahlendes Glühen in deinem Körper. Das sind Anzeichen dafür, dass du anfängst, die Energie deines höheren Selbst zu kanalisieren.

Hier ist eine Übung im kreativen Visualisieren, die dir helfen wird, ein Gespür für diese Dinge zu entwickeln. Es ist empfehlenswert, diese Übung regelmässig zu Beginn deiner Meditationsübung zu machen:

Sitze oder liege bequem. Entspanne dich völlig ... lass alle Spannung aus deinem Körper und Bewusstsein ... atme tief und langsam ... entspanne dich tiefer und tiefer.

Stell dir bildlich ein Licht in deinem Herzen vor – glühend, strahlend und warm. Spüre, wie es sich ausbreitet und wächst – wie es mehr und mehr aus dir herausleuchtet, bis du eine goldene Sonne bist und Liebesenergie auf alles und jeden um dich herum ausstrahlst.

Sag dir selbst leise und mit Überzeugung:
«Göttliches Licht und göttliche Liebe durchströmt mich und überträgt sich auf meine Umgebung.»

Sprich diesen Satz immer und immer wieder, bis du deine spirituelle Energie stark spüren kannst. Wenn du willst, kannst du auch andere Affirmationen machen, die deine eigene Kraft, dein Licht und deine schöpferischen Fähigkeiten bekräftigen, zum Beispiel:

Gott wirkt in diesem Augenblick durch mich,
oder
Göttliches Licht und schöpferische Energie erfüllen mich,
oder
Das Licht in mir lässt in meinem Leben hier und jetzt Wunder geschehen,
oder andere Aussagen, die für dich Sinn und Kraft haben.

Im Fluss sein

Wirkungsvoll wird kreatives Visualisieren erst dann, wenn es im Geist des Tao angewandt wird – «mit dem Fluss gehen». Dies bedeutet, dass du dich nicht «anzustrengen» brauchst, um dahin zu kommen, wo du hinwillst; teile dem Universum einfach klar mit, wohin du gehen willst, und folge dem Strom des Lebensflusses, bis er dich dort ankommen lässt. Der Lebensfluss macht auf dem Weg zu deinem Ziel manchmal Umwege. Zeitweilig mag er sogar scheinbar eine völlig andere Richtung einschlagen, auf lange Sicht jedoch gelangst du müheloser und problemloser ans Ziel, als dies durch Kampf und heftige Anstrengung der Fall wäre.

Sich dem Fliessen überlassen heisst: Ziele gelassen verfolgen (selbst wenn sie sehr wichtig erscheinen mögen) und bereit sein, sie zu ändern, wenn sich etwas Besseres ergibt ... die Zielsetzung klar im Auge behalten und dennoch auch all die schönen Erlebnisse unterwegs geniessen und sogar bereit sein, die Zielsetzung zu ändern, wenn dich das Leben in eine andere Richtung führt: Beides ist gleichermassen wichtig. Kurzum: fest und doch beweglich sein.

Befürchtest du, dein Ziel nicht zu erreichen (du bist sehr niedergeschlagen, falls es dir nicht gelingt), dann arbeitest du eher gegen dich selbst. In deiner Angst, *nicht* zu bekommen, was du möchtest, gibst du im Grunde der Vorstellung, es nicht zu bekommen, ebensoviel oder sogar mehr Energie als dem Ziel selbst.

Spürst du, dass du zwanghaft ein Ziel verfolgst, kann es höchst wirkungsvoll und angebracht sein, dir zuerst Klarheit zu verschaffen, welche Gefühle du zu der Sache hast. Du musst genau hinschauen, was dir an der Vorstellung, dein Ziel *nicht* zu erreichen, Angst macht. Arbeite mit Affirmationen, damit du mehr Vertrauen und Sicherheit bekommst oder deinen Ängsten ins Auge sehen kannst.

Zum Beispiel:

Das Universum ist vollkommen.
Ich brauche nichts festzuhalten.
Ich darf mich entspannen und loslassen.
Ich kann fliessen.
Ich habe immer alles, was ich brauche, um mein Hier und Jetzt zu geniessen.
Ich habe alle Liebe,. die ich brauche, in meinem eigenen Herzen.
Ich bin liebenswert und gebe anderen meine Liebe.
Ich bin eins mit mir selbst.
Göttliche Liebe führt mich, und ich bin immer darin aufgehoben.
Das Universum meint es gut mit mir.

Hilfreich sind wohl auch einige der Klärungsübungen, die ich noch anführen werde.

Natürlich ist es vollkommen in Ordnung, etwas zu visualisieren, was du unbedingt sofort haben willst – und es klappt oft ganz gut. Aber wenn es nicht klappt, sei dir im klaren darüber, dass dein eigener innerer Konflikt widersprüchliche Botschaften aussendet. In einem solchen Fall ist es wichtig, sich zu entspannen und seine Gefühle anzunehmen. Mach dich mit der Vorstellung vertraut, dass du möglicherweise nicht sofort dein Ziel verwirklichen wirst und wahrscheinlich am Konflikt selbst wachsen kannst. Und es bietet sich die wunderbare Gelegenheit, deine Lebenseinstellung genauer zu betrachten.

Hast du beim kreativen Visualisieren irgendwann das Gefühl, etwas *erzwingen* oder *mit Gewalt durchsetzen* zu wollen, so lass die Sache ein wenig ruhen und frag dein höheres Selbst, ob dies wirklich das Beste für dich ist und ob du es aufrichtig möchtest. Das Universum will dir vielleicht etwas Besseres zeigen, was du dir nicht hättest träumen lassen.

Wohlstandsprogramm

Einen sehr wichtigen Teil des kreativen Visualisierens bildet das Wohlstandsprogramm. Auf Wohlstand programmiert zu sein heisst einsehen oder davon ausgehen, dass im Universum alles in verschwenderischer Fülle vorhanden ist ... das Universum ist ein Füllhorn mit allem, was sich dein Herz nur wünschen kann, sowohl auf der materiellen als auch auf der emotionalen, geistigen und spirituellen Ebene. Alles, was du brauchst oder haben willst, ist da; du musst nur darauf *vertrauen*, es wirklich *wollen* und bereit sein, es *anzunehmen*, um zu bekommen, was du dir wünschst.

Es gibt einen ganz einfachen Grund, warum du nicht bekommst, was du möchtest: das «Mangelprogramm». Dabei handelt es sich um eine Lebenseinstellung oder ein Glaubenssystem. Das hört sich dann etwa so an:

Ich bekomme zu wenig ...
Leben heisst leiden ...

Es ist unmoralisch oder egoistisch, viel zu besitzen, wenn andere zu wenig haben ...
Das Leben ist hart, schwer und ein Jammertal ...
Man muss um alles hart arbeiten, und es wird einem nichts geschenkt ...
Es ist edler und gottgefälliger, arm zu sein ...
usw.

Diese Glaubenssätze sind alle falsch. Sie lassen mangelnde Einsicht in die Gesetzmässigkeiten des Universums oder eine falsche Auslegung einiger wichtiger spiritueller Grundsätze erkennen. Diese Glaubenssätze nützen dir nichts und auch sonst niemandem; sie hindern uns nur daran, zu erkennen, dass *wir alle* von Natur aus auf allen Ebenen glücklich und reich sind.

Gegenwärtig ist für viele Menschen Hunger und Armut eine Realität, *aber wir brauchen diese Realität nicht immer wieder neuzuschaffen und fortzusetzen.*

Tatsache ist, dass mehr als genug für jedes Lebewesen auf dieser Erde da ist, wenn wir uns dieser Möglichkeit nicht verschliessen. Das Universum *ist* voller Überfluss, wir alle sind von Natur aus überreich – materiell und auch spirituell. Jene, die nicht finden, dass ihr Dasein reich und erfüllt ist, sind wohl mehr auf Mangel als auf Überfluss programmiert. Sie haben sich, durch Unwissenheit, dem landläufigen Glauben an die Unvermeidlichkeit von Armut und Mangel verschrieben und merken nicht, dass wir alle über grösste schöpferische Kräfte verfügen.

Diese Erde ist in Wahrheit ein unendlich guter und schöner Ort, der uns ernährt und wo wir gut leben können. Das einzige «Übel» besteht darin, dass wir diese Wahrheit nicht verstehen. Das Übel (Unwissenheit) ist wie ein Schatten, der bekanntlich keine eigene Substanz hat – es fehlt einfach Licht. Du kannst einen Schatten nicht verschwinden lassen, indem du gegen ihn ankämpfst, auf ihm herumtrampelst, ihn verfluchst, auch nicht durch irgendeine andere Form von emotionalem oder körperlichem Widerstand. Nur Licht lässt einen Schatten verschwinden.

Wirf einen Blick auf dein Glaubenssystem und überprüfe, ob

du Zweifel am universalen Guten hast und dich damit selbst beschneidest. Kannst du dir im Augenblick realistisch vorstellen, dass du ein erfolgreicher, befriedigter, glücklicher, erfüllter Mensch bist? Lässt du wirklich die Güte, Schönheit und Fülle, die dich immer und überall umgibt, in dich hinein? Kannst du dir die Erde als glückliche, blühende und erleuchtete Welt vorstellen, in der jeder prächtig leben kann?

Solange du nicht davon überzeugt bist, dass die Erde ein guter Ort ist, wo jeder gut leben könnte, wird es dir auch schwerfallen, deine persönlichen Wünsche zu erfüllen.

Im Menschen ist im Grunde viel Liebe. Deshalb wollen wir unsere Wünsche nicht verwirklichen, solange wir glauben, anderen dadurch etwas wegzunehmen.

Eines muss uns ganz bewusst sein: Zu haben, was wir uns im Leben wünschen, trägt zum Glück aller Menschen bei und hilft anderen, selbst glücklicher zu sein.

Versuche aus Spass folgende Übung, um deine Phantasie anzuregen und deine Fähigkeit, «alles zu haben», zu entwickeln.

FÜLLHORN-MEDITATION

Nimm eine bequeme Haltung ein und entspanne dich völlig: Stell dir vor, du bist draussen in der Natur in einer entzückenden Gegend – vielleicht auf einer grünen, freien Wiese mit einem wunderschönen Bach oder auf weissem Sand am Meer. Lass dir Zeit, und stell dir alles genau vor. Sieh dich selbst, wie du es total geniesst und daran Gefallen findest. Nun fang an, spazierenzugehen, und finde dich bald in einer ganz anderen Umgebung wieder, vielleicht in einem wogenden, goldfarbenen Kornfeld, oder du schwimmst gerade in einem See. Geh auf eine Forschungsreise, und entdecke immer mehr ausnehmend schöne Landschaften von grosser Vielfalt – Berge, Wälder, Wüsten, lass deiner Phantasie freien Lauf. Nimm dir etwas Zeit, um alles voll in dir aufzunehmen ...

Stell dir vor, du fährst mit einem Boot durch ein tropisches Paradies mit üppiger Vegetation und herrlichen Früchten an den Bäumen. Oder stell dir vor, wie du zu einem riesigen Schloss kommst, wo man dich mit einem prachtvollen Fest, Musik und Tanz willkommen heisst. Du wirst zu einer riesigen Schatzkammer geführt, wo man dir die ausgesuchtesten Juwelen, wertvolle Metalle, prunkvolle Gewänder überreicht – mehr als du je gebrauchen kannst. Überlass dich deiner Phantasie, und sieh dich durch die Welt wandern und alles finden oder bekommen, was du dir je gewünscht hast und noch viel mehr. Deine kühnsten Träume werden übertroffen.

Stell dir die Welt als ein verschwenderisches Paradies vor, wo jeder, dem du begegnest, in der gleichen Fülle und dem gleichen Überfluss lebt wie du.

Geniesse es so intensiv wie nur möglich. Besuche andere Planeten, wenn du möchtest, und entdecke auch dort wunderbare Dinge. Die Möglichkeiten sind unbegrenzt! Kehre schliesslich nach Hause zurück, glücklich und zufrieden, und denke darüber nach, dass das Universum tatsächlich ein Ort unglaublicher Wunder und des Überflusses ist.

AFFIRMATIONEN:

Dieses Universum ist reich, und es ist genug für uns alle da.
Überfluss gehört zu meiner innersten Natur. Ich nehme ihn voller Freude an.
Gott ist eine unerschöpfliche, unversiegbare Quelle, die mich mit allem versorgt, was ich brauche.
Ich verdiene es, erfolgreich und glücklich zu sein. Ich bin jetzt erfolgreich und glücklich.
Je erfolgreicher ich bin, desto mehr habe ich und kann andere daran teilhaben lassen.
Das Universum ist voller Überfluss.
Ich bin nun bereit, Freude und Glück in meinem Leben anzunehmen.
Ich fühle mich nun dafür verantwortlich, die Welt für alle Menschen zu einem glücklichen Ort voller Überfluss zu machen.

Ich habe leicht und mühelos finanziellen Erfolg.
Ich geniesse jetzt grossen finanziellen Wohlstand.
Das Leben macht mir Spass und ich geniesse es jetzt in vollen Zügen.
Ungeheure Reichtümer fallen mir jetzt wie von selbst in den Schoss.
Ich bin im Inneren und im Äusseren reich.
Ich habe jetzt mehr als genug Geld für meinen persönlichen Bedarf.
Ich habe nun ein ausreichendes Monatseinkommen.
Ich werde jeden Tag finanziell wohlhabender.
Ich bin reich, glücklich und fühle mich wohl.

Nimm das Gute in dir an

Um mit kreativem Visualisieren deine Lebenswünsche verwirklichen zu können, musst du das Beste, was dir das Leben zu bieten hat – das «Gute in dir» – auch tatsächlich *annehmen* wollen und können.

So merkwürdig es auch klingen mag, viele von uns haben Schwierigkeiten, es für möglich zu halten, im Leben das zu erreichen, was sie möchten. Die Ursache dafür ist gewöhnlich das Grundgefühl, einer Sache nicht würdig zu sein; dieses Grundgefühl entwickeln wir bereits im Kindesalter. Die Grundüberzeugung lässt sich etwa so in Worte fassen: «Ich bin wirklich kein sehr guter (liebenswerter) Mensch, deshalb verdiene ich nicht das Beste. Ich bin es einfach nicht wert.»

Diese Überzeugung ist in der Regel gemischt mit anderen, manchmal widersprüchlichen Gefühlen: dass du in Wahrheit vollkommen gut und es eben doch wert bist. Aber wenn du merkst, dass dir die Vorstellung schwerfällt, ein faszinierendes Leben zu führen, oder dass du Gedanken hast wie «Das könnte ich nie haben» oder «Das würde *mir* ganz bestimmt nicht passieren», so ist es ratsam, mehr auf dein Selbst-Bild zu achten.

Dein Selbst-Bild ist die Art, wie du dich selbst siehst und welches Gefühl du zu dir hast. Es ist oft vielschichtig und hat viele Facetten. Um einen Bezug zu den verschiedenen Aspekten deines Selbst-Bildes herzustellen, kannst du dich jederzeit und in ganz unterschiedlichen Situationen fragen: «Was halte ich jetzt im Augenblick von mir?» Werde sensibel dafür, welche Vorstellungen und Bilder du von dir selbst hast.

Sehr interessant ist es, durch die Frage «Wie empfinde ich jetzt mein Aussehen?» einen Hinweis zu bekommen, wie du deinen eigenen *Körper* siehst. Wenn du dich plump, hässlich, dick, dürr, zu gross, zu klein usw. findest, dann kann das ein Anhaltspunkt dafür sein, dass deine Selbstliebe nicht gross genug ist, um dir das zu geben, was du ehrlich verdienst – das Beste. Ich stelle oft mit Erstaunen fest, wie viele makellos schöne, attraktive Menschen sich häufig für hässlich, unwürdig und minderwertig halten.

Affirmationen und kreatives Visualisieren eignen sich vorzüglich dafür, ein positiveres und liebenswerteres Selbst-Bild aufzubauen. Nimm jede Gelegenheit wahr, dir positive, anerkennende, liebevolle Dinge zu sagen. Achte darauf, wann du innerlich hart oder kritisch mit dir umgehst, und sei ganz bewusst freundlicher zu dir. Hab dich einfach gern! Dies wird dir unmittelbar und spürbar helfen, auch zu anderen liebevoller zu sein.

Denke an besondere Eigenschaften, die du an dir magst. Wie du einen guten Freund/eine gute Freundin lieben kannst, obwohl du seine/ihre Fehler und Unzulänglichkeiten klar siehst, so kannst du dich selbst lieben, wie du bist, und dir im gleichen Augenblick bewusst sein, dass es Wege gibt, die du für dein Wachstum und deine Entwicklung brauchst. Das tut dir sehr gut und es kann in deinem Leben wahre Wunder vollbringen.

Sag dir selbst:

Ich bin schön und liebenswert.
Ich bin freundlich und liebevoll und habe anderen sehr viel zu geben.

Ich bin begabt, intelligent und schöpferisch.
Ich werde jeden Tag attraktiver.
Ich verdiene das Allerbeste im Leben.
Ich habe eine Menge anzubieten, und alle wissen es sehr zu schätzen.
Ich liebe die Welt, und die Welt liebt mich.
Ich bin bereit, glücklich und erfolgreich zu sein.

... oder andere Formulierungen, die dir passend und hilfreich erscheinen. Es ist oft sehr wirkungsvoll, diese Art von Affirmationen in der zweiten Person zu machen und deinen eigenen Namen einzusetzen:

«Susanne, du bist eine hochbegabte und interessante Persönlichkeit. Ich mag dich sehr.»

«Hannes, du bist so warmherzig und liebevoll. Die anderen mögen das sehr an dir.»

Sich (so wie hier) selbst direkt anzusprechen, ist besonders wirkungsvoll, weil uns schon in jungen Jahren von anderen überzeugend und auf vielfältige Weise vermittelt wurde, dass wir in gewisser Weise schlecht, dumm oder unzulänglich sind. Hier liegen die Gründe für unser negatives Selbst-Bild.

Stell dir möglichst deutlich vor, dass du dich selbst genauso liebst wie einen anderen Menschen, an dem dir etwas liegt. Es ist so, als ob der Vater oder die Mutter in dir dem Kind in dir Liebe und Zuneigung schenken würde. Sag dir:

«Ich liebe dich. Du bist ein sehr schöner Mensch. Ich mag deine Empfindsamkeit und Ehrlichkeit.»

Kreatives Visualisieren ist eine grossartige Möglichkeit, an jedem körperlichen Problem, woran du zu leiden glaubst, zu arbeiten. Fühlst du dich zum Beispiel zu dick, musst du an zwei Sachen gleichzeitig arbeiten:

1. Lerne, mit Hilfe von Affirmationen, dich *mehr als bisher* mit Hingabe zu lieben und zu schätzen.

2. Fang an, dich durch kreatives Visualisieren und Affirmationen so zu erschaffen, wie du *sein möchtest* – schlank, topfit, gesund und glücklich. Diese Techniken sind hervorragend geeignet, echte Veränderungen herbeizuführen.

Eben diese beiden Techniken haben sich beim Bearbeiten von «Problemen», die mit deinem Selbst-Bild zusammenhängen, bewährt.

Vergiss nicht, du bist mit jedem neuen Augenblick ein neuer Mensch. Jeder Tag ist ein neuer Tag und bietet die Gelegenheit, dich als den wunderbaren, liebevollen und liebenswerten Menschen zu erleben, der du in Wahrheit bist ...

Es ist nützlich, darüber hinaus Affirmationen zu machen, die dir helfen, dich dem Universum zu öffnen und die Güte des Universums anzunehmen.

Zum Beispiel:

Ich bin offen für all die Wohltaten dieses verschwenderischen Universums.
Alles Gute fällt mir leicht und mühelos in den Schoss
(du kannst für «alles Gute» auch die folgenden Begriffe einsetzen: zum Beispiel Liebe, Kreativität, eine ideale Beziehung.)
Ich nehme das Gute in mir an. Es ist hier und jetzt schon da.
Ich verdiene das Beste, und das Beste ist jetzt schon für mich da.
Je mehr ich bekomme, desto mehr kann ich geben.

Hier ist eine Meditation, die du machen kannst, um dein Selbst-Vertrauen zu stärken. Das Universum wartet nur darauf, dir seine Liebe und Energie zu schenken.

Folgende Meditation hilft dir, damit viel besser umgehen zu können:

MEDITATION ZUR SELBST-LIEBE

Stell dir vor, jemand [ein Bekannter, eine Bekannte oder auch Unbekannte(r)] sieht dich in einer ganz alltäglichen Situation voller Liebe und Bewunderung an und sagt dir, was alle an dir wirklich mögen. Nun stell dir weiter vor, es kommen noch ein paar Leute hinzu, die auch davon überzeugt sind, dass du ein wahrhaft grossartiger Mensch bist. (Lass es einfach zu, lass es geschehen, auch wenn es dich verlegen macht.) Sieh, wie immer mehr Menschen herbeieilen und dich bewundern. Aus ihren Augen spricht tiefe Liebe und Hochachtung. Stell dir vor, du bist bei einer Parade oder auf einer Bühne und Menschenmassen, die dich alle lieben und verehren, jubeln dir zu und klatschen. Höre den Applaus in deinen Ohren klingen. Steh auf, verbeuge dich, und danke ihnen für ihre Unterstützung und Zuneigung.

Einige Affirmationen:

Ich liebe mich und nehme mich hundertprozentig so an, wie ich bin.

Ich brauche mich nicht bemühen, anderen zu gefallen. Ich mag mich, und darauf kommt es an.

Ich fühle mich phantastisch, wenn ich unter Menschen bin.

Mir fällt es leicht, ungehemmt und voll aus mir herauszugehen.

Ich bin ein dynamischer, liebevoller und schöpferischer Mensch.

Fliess über

Ein weiteres wesentliches Prinzip heisst «geben» oder «teilhaben lassen». Das Universum besteht aus reiner Energie, die von Natur aus dauernd in Bewegung ist. Leben ist ständige Veränderung, ein ständiges Fliessen. Haben wir das einmal verstanden, schwingen wir im Rhythmus des Lebens und können frei geben und nehmen in der Gewissheit, dass wir nie etwas wirklich verlieren können, sondern immer nur hinzugewinnen.

Sobald wir die Wohltaten des Universums immer mehr *annehmen* können, ist es für uns ganz natürlich, auch andere daran *teilhaben zu lassen*. Wir spüren nämlich: je mehr wir mit unserer Energie nach aussen gehen, desto mehr Platz haben wir für neue Energie.

Wir unterbrechen diesen wunderbaren Energiefluss, wenn wir aus Unsicherheit (Angst) und aus dem Gefühl heraus, dass «nicht genug da ist», an dem, was wir haben, kleben und es nicht loslassen wollen. Dadurch bringen wir die Energie zum Stocken und neue Energie hat dann keinen Platz in uns.

Energie kann viele Formen annehmen: Liebe, Zuneigung, Verständnis und Anerkennung, materieller Besitz, Geld, Freundschaft usw. Die weiter oben angeführten Prinzipien gelten für all diese Formen gleichermassen.

Wenn du dich nach Menschen umsiehst, die sehr unglücklich sind, so wirst du oft Leute finden, die sich irgendwie «ausgehungert» fühlen und deshalb habgierig sind. Sie spüren, dass ihnen das Leben im allgemeinen und andere Menschen im besonderen nicht geben, was sie brauchen. Es ist, als ob sie das Leben im Würgegriff hätten und verzweifelt versuchten, die zutiefst ersehnte Liebe und Erfüllung herauszupressen, sich dadurch aber selbst würgen. Und viele von uns haben diese Tendenz.

Erst wenn wir in uns eine gewisse Grosszügigkeit zulassen können, beginnen wir den Fluss in eine andere Richtung zu lenken. Echtes Geben geschieht nicht aus Opferbereitschaft, Selbstgerechtigkeit oder Frömmigkeit, sondern aus reinem *Vergnügen* – weil es Spass macht. Es kann nur aus einem vollen und liebenden Herzen kommen.

Wir alle haben unendlich viel Liebe und Glückseligkeit in uns. Wir haben uns an den Gedanken gewöhnt, dass wir äussere Dinge bekommen müssen, um glücklich zu sein, aber in Wahrheit verhält es sich umgekehrt: Wir müssen lernen, mit unserer inneren Quelle, die uns Glückseligkeit und Erfüllung schenkt, Verbindung aufzunehmen, sie nach aussen leiten und andere daran teilhaben lassen – nicht weil eine solche Handlungsweise moralisch gut ist, sondern weil es uns guttut! Sind uns diese Dinge einmal besser vertraut, ist es für uns ganz selbstverständlich, dieses gute Gefühl mit anderen zu teilen, denn das ist das Wesen der Liebe, und wir alle sind Geschöpfe, die voller Liebe sind.

Lassen wir unsere Liebesenergie nach aussen fliessen, füllt sich das entstandene Loch mit mehr Energie. Allein dieser Vorgang bereitet uns nach kurzer Zeit sichtliches Vergnügen, und wir wollen ihn immer wieder erleben. Je mehr du aus dieser Gesinnung heraus von dir gibst, desto mehr, so scheint es, gibt dir die Welt – gemäss dem «Geben und Nehmen»-Prinzip. (Die Natur verabscheut Leere. Du gibst also etwas und schaffst damit Raum für etwas Neues.) Geben hat seinen Lohn in sich selbst.

Verstehen und leben wir das im Innersten, entfalten wir unser tiefstes Wesen, die Liebe.

Durch kreatives Visualisieren wird dir klar: je freudiger du gibst, desto leichter kannst du deine Träume erfüllen ... Denke aber immer daran, dass du nicht pausenlos geben kannst, wenn du nicht ebenso bereit bist, zu nehmen ... und «geben» heisst auch, sich selbst etwas zu geben.

Auch beim Geben gilt: Übung macht den Meister! Gib und sei bewusst ... und du wirst merken, wie gut es dir tut. Hier sind einige Übungen im Geben und Loslassen. Du kannst sie ausprobieren, wenn du dich in diesem Bereich weiterentwickeln möchtest:

1. *Mach es dir zur Gewohnheit, anderen auf jede nur erdenkliche Weise mehr Verständnis entgegenzubringen. Setz dich jetzt gleich hin und notiere die Namen derjenigen, denen du gerne deine Liebe und Zuneigung schenken würdest. Lass dir etwas einfallen, wie du diese gute Idee schon innerhalb der nächsten Woche bei jedem einzelnen am besten in die Tat umsetzen kannst. Geben kannst du auf verschiedene Weise: mit Worten, einer Berührung, einem Geschenk, einem Telefonanruf oder Brief, mit Geld oder wenn du andere mit deinen Talenten erfreust. Entscheide dich für etwas, zu dem du ein besonders gutes Gefühl hast, selbst wenn es dich etwas Überwindung kosten sollte.*

Zeige den Menschen häufiger, dass du ihnen dankbar bist, finde mehr Worte der Anerkennung und Bewunderung, wenn dir danach ist. «Es war nett von dir, mir zu helfen.» «Ich schätze das, und ich möchte, dass du es weisst.» «Deine Augen glänzten und waren schön, als du das sagtest, und ich habe mich gefreut, dich zu sehen.» (Wir brauchen nicht verlegen zu werden!)

2. *Durchstöbere deine Sachen! Du findest bestimmt einiges, was du gar nicht haben willst oder nicht oft benutzt. Gib es anderen, die daran mehr Freude haben!*

3. *Gib jeden Tag ganz* unnötig *etwas Geld aus, falls du ein Mensch bist, der versucht, mit möglichst wenig Geld auszukommen und immer eifrig auf der Suche nach Sonderangeboten ist. Kauf etwas teurer ein als sonst, gönn dir etwas Besonderes (es braucht nur eine Kleinigkeit sein), lade einen Freund/ eine Freundin zu einer Tasse Kaffee ein, spende für einen wohltätigen Zweck usw. Selbst eine so kleine Geste gibt dir das Gefühl, dass Überfluss für dich selbstverständlich ist. Affirmationen der Tat sind in diesem Fall so beredt wie Affirmationen des Wortes.*

4. *Verschenke den Zehnten deines Einkommens. Vermache einen Prozentsatz deines Einkommens einer Kirche, spirituellen Organisationen oder anderen Gruppen, die in deinen Augen wertvolle Arbeit für diese Welt leisten. Damit unterstützt du ihre Energie. Gleichzeitig erkennst du an, dass alles, was du bekommst, vom Universum (oder von Gott) kommt. Auf diese Weise gibst du es der universalen Quelle als Zeichen des Dankes wieder zurück. Es spielt dabei keine Rolle, wie hoch der Prozentsatz ist – was Fliessen und Loslassen bedeutet, erfährst du, wenn du nur 1 % deines Einkommens hergibst. Aber du solltest es regelmässig machen.*

5. *Sei schöpferisch. Lass dir noch andere Möglichkeiten einfallen, wie du deine Energie in das Universum hinaus verströmen kannst, zu deinem Wohl und zum Wohle anderer.*

Heilen

SICH SELBST HEILEN

Mit kreativem Visualisieren haben wir eines der besten Mittel in der Hand, gesund zu werden und gesund zu bleiben.

Eines der Grundprinzipien der ganzheitlichen Medizin ist, dass wir unsere körperliche Gesundheit nicht von unserem emotionalen, geistigen und spirituellen Befinden trennen können. Alle Ebenen sind miteinander verbunden, körperliches «Unwohlsein» und Krankheiten spiegeln immer Konflikt, Spannung, Angst oder Disharmonie auf anderen Seinsebenen wider. Körperlich erkrankt zu sein heisst: der Körper gibt uns unübersehbar eine Botschaft, nämlich auf unsere tiefsten und verborgenen Gefühle, Gedanken und Einstellungen genau zu achten, um Wege zu finden, wie wir unsere natürliche Harmonie und Ausgeglichenheit wiederherstellen können. Wir müssen dafür sensibel werden und auf die inneren Abläufe «horchen».

Es findet ein ständiger Informationsaustausch zwischen Verstand und Körper statt. Der Körper nimmt das physische Universum wahr und gibt Botschaften darüber an den Verstand weiter; dieser interpretiert die Wahrnehmungen entsprechend seiner individuellen Vergangenheitserfahrungen und seinem Glaubenssystem und löst im Körper bestimmte Reaktionen aus. *Wenn der Verstand aufgrund seines Glaubenssystems (ob nun bewusst oder unbewusst) zu dem Schluss kommt, dass Krankheit in einer bestimmten Situation angebracht oder unvermeidlich ist, so wird er es dem Körper dementsprechend signalisieren, und dieser wird zwangsläufig Krankheitssymptome manifestieren;* wir werden tatsächlich krank. Es besteht also ein enger Zusammenhang zwischen diesem Geschehen und unseren tiefsten Meinungen und Vorstellungen über uns selbst, das Leben und das Wesen von Krankheit und Gesundheit.

Kreatives Visualisieren macht uns sensibel dafür, wie gut oder schlecht die Verbindung zwischen unserem Verstand und Körper ist. Es werden bewusst oder unbewusst Bilder und Gedanken in unserem Verstand geformt und dann an den Körper als Signale oder Befehle weitergegeben.

Durch kreatives Visualisieren erzeugst du, wenn du es bewusst machst, positive Gedanken und Bilder, die deinem Körper gut tun – anstelle der negativen, einengenden, im wahrsten Sinne des Wortes «krankmachenden».

Die Menschen werden krank, weil sie in ihrem Innersten fest daran glauben, dass Krankheit eine passende oder unerlässliche Reaktion auf eine bestimmte Situation oder ein Ereignis ist. Sie glauben nämlich, durch Krankheit ein Problem lösen zu können oder sehen darin den letzten Ausweg, einen ungelösten und unerträglichen inneren Konflikt zu bewältigen. Ausserdem glauben sie, dadurch zu bekommen, was sie brauchen.

Dazu einige Beispiele: Jemand wird krank, weil er sich eine ansteckende Krankheit «geholt» hat. (Er ist einfach davon überzeugt, dass er unweigerlich oder sehr wahrscheinlich krank wird.) Eine Frau stirbt an der gleichen Krankheit wie ihr Vater, ihre Mutter oder ein anderes Familienmitglied. (Sie hat sich unbewusst darauf programmiert, demselben Muster zu folgen.) Ein Mann wird krank oder hat einen Unfall, um nicht arbeiten zu müssen.

(Er kann sich mit einer Sache, die seine Arbeit betrifft, nicht konfrontieren, oder er muss erst krank werden, damit er sich die nötige Entspannung und Ruhe gönnt.) Eine Frau wird krank, um Liebe und Aufmerksamkeit zu bekommen. (Nur so konnte sie als Kind die Liebe ihrer Eltern bekommen.) Jemand unterdrückt ein Leben lang seine Gefühle und stirbt schliesslich an Krebs. (Er spürt einerseits den Druck seiner verdrängten Gefühle, und andererseits glaubt er, dass er sie nicht ausdrücken kann oder darf, und diesen Widerspruch kann er nicht lösen ... also findet er schliesslich eine Lösung: er tötet sich selbst.)

Ich möchte mit diesen Beispielen nicht den Eindruck erwekken, dass für mich jede Krankheit ein einfaches Problem darstellt, für das es eine vorgefertigte Erklärung gibt. Wie bei allen Problemen, die wir haben, spielen auch hier oft viele komplexe Faktoren eine Rolle. Ich möchte aber deutlich herausstellen, dass Krankheit ein Ergebnis unserer inneren Vorstellungen und Glaubenssysteme und der Versuch ist, eine Lösung für ein Problem zu finden, das in uns selbst liegt. Sobald wir bereit sind, unsere innersten Glaubenssätze klar zu erkennen und auch zu ändern, können wir sinnvollere Lösungen für unsere Probleme finden – und uns von Krankheit und Leiden völlig befreien.

Wenn wir uns folgendes vor Augen halten, können wir in dem Bewusstsein leben, ausgesprochen positiv, überaus dynamisch, gesund zu sein, und wir können uns selbst heilen:

Im Kern sind wir alle vollkommene, spirituelle Wesen. In jedem von uns offenbart sich in Vollkommenheit der uns innewohnende All-Geist oder das göttliche Bewusstsein.

Somit haben wir von Geburt an ein natürliches Recht auf blühende Gesundheit, strahlende Schönheit, unerschöpfliche Energie, jugendliche Vitalität und Freude, unser ganzes Leben lang.

In Wahrheit gibt es kein Elend und keine Beschränktheit. Wir missachten oder können bloss nicht begreifen, dass das Gute (oder Gott) überall und allumfassend ist und dass wir grenzenlose schöpferische Fähigkeiten besitzen.

Wir blockieren uns aus Angst und Unwissenheit selbst, wollen das Gute im Leben nicht sehen und schmälern damit unsere Gesundheit, Schönheit, Energie, Vitalität und Freude.

Unser Körper spiegelt unser Bewusstsein wider. Mit der Meinung, die wir von uns selbst haben, bestimmen wir, wie gesund und schön oder wie krank und hässlich wir sind. Sobald wir unsere Denkmuster grundlegend ändern, wird unser körperliches Selbst diesem Beispiel folgen. Der Körper verändert sich, erneuert sich und baut sich ständig, in jedem Augenblick neu auf. Ausschliesslich unser Denken bestimmt, wie dies geschieht.

Je mehr wir unser Bewusstsein auf die höchste spirituelle Vervollkommnung ausrichten, desto mehr drückt unser Körper unsere persönliche Vollkommenheit aus.

Wenn wir uns diese Einschränkung zu eigen machen, stehen wir Krankheiten nicht hilflos gegenüber. Anstatt Krankheit als unabwendbares Unglück oder unausweichliches Missgeschick anzusehen, begreifen wir sie als machtvolle und nützliche Botschaft. Ein körperliches Leiden ist eine Botschaft: in unserem Bewusstsein gibt es etwas, worauf wir achten, das wir erkennen, annehmen und ändern sollen.

Oft heisst die Botschaft einer Krankheit, sich einfach mehr Ruhe zu gönnen und dafür Zeit zu haben, mit unserem inneren Selbst in Kontakt zu sein. Durch Krankheit sind wir oft gezwungen, uns zu entspannen, alle Geschäftigkeit und alles «Mühen» fallenzulassen und einzutauchen in eine tiefe, ruhige Bewusstseinsebene, wo wir die nährende Energie bekommen, die wir brauchen.

Heilung geschieht immer von innen heraus. Wenn wir guten Kontakt zu uns selbst pflegen, brauchen wir nicht mehr krank werden, um zu uns selbst zu finden.

Krankheit und «Unfälle» sind ein Appell, unsere Denkmuster

zu ändern oder ein in uns liegendes Problem zu lösen. Werde so ruhig wie möglich, hör auf deine innere Stimme, und versuche zu verstehen, was der tiefere Sinn deiner Krankheit ist oder was du daraus lernen sollst. Vielleicht gelingt dir dies ohne fremde Hilfe. In manchen Fällen jedoch wirst du wohl einen Ratgeber, Therapeuten, Freund oder Heiler brauchen.

Kreatives Visualisieren ist ein ideales Heilmittel, denn es setzt direkt an der Wurzel eines Problems an – deinen innersten Gedanken und Bildern. Stell dir vor und glaube fest daran, dass du von deiner Krankheit völlig geheilt und nun kerngesund bist. Es gibt verschiedene Möglichkeiten auf vielen Ebenen, wie du an die Sache herangehen kannst; du musst lediglich die Art von Affirmationen und Bildern herausfinden, mit denen du am besten arbeiten kannst. Im dritten Teil dieses Buches habe ich einige Vorschläge dazu gemacht.

Natürlich ist eine «vorbeugende Medizin» immer das beste ... Wenn du keine gesundheitlichen Probleme hast, um so besser; bekräftige und visualisiere einfach, dass du immer gesund und vital bleiben wirst; auf diese Weise brauchst du dir nie Gedanken über Selbstheilung machen. Falls du aber gesundheitliche Probleme hast, wird es ein Trost für dich sein, dass täglich viele «Wunderheilungen» durch die Anwendung verschiedener Formen des kreativen Visualisierens geschehen, selbst bei sehr ernsten Krankheiten wie Krebs, Gelenkentzündung (Arthritis) und Herzleiden.

In vielen Fällen ist kreatives Visualisieren selbst schon eine wirkungsvolle Therapie. In anderen Fällen ist es notwendig, auch andere Therapieverfahren anzuwenden, wenn das Glaubenssystem einer Person sehr starr ist (d. h. wenn es schwierig ist, die Vorstellung fallenzulassen, dass wir für unsere Heilung Hilfe von aussen brauchen. *Solange du in eine bestimmte Therapieform inneres Vertrauen hast, solltest du sie auf jeden Fall anwenden!* Es wird funktionieren, wenn du es nur willst und daran glaubst. Für welches Verfahren du dich auch entschliesst, von der herkömmlichen Medizin oder Chirurgie bis hin zu mehr ganzheitlichen Therapien wie Akupunktur, Yoga, Massage, Fasten usw., *kreatives Visuali-*

sieren ist immer eine hilfreiche Ergänzung und kann in Verbindung mit jedem Verfahren angewandt werden. Kreatives Visualisieren, bewusst ausgeübt, beschleunigt und erleichtert in erstaunlicher Weise den normalen Heilungsprozess.

ANDERE HEILEN

Sich selbst heilen oder andere heilen – es gelten jeweils die gleichen Prinzipien. Ich habe weiter oben vom Bewusstsein, heilen zu können, gesprochen und es in groben Zügen dargestellt. In diesem Bewusstsein können wir andere ebenso erfolgreich heilen wie uns selbst (manchmal sogar erfolgreicher).

Der All-Geist bildet nämlich von Natur aus eine Einheit. Ein Teil unseres Bewusstseins ist direkt mit dem entsprechenden Teil im Bewusstsein von allen anderen Menschen verknüpft. Da uns dieser Teil auch Zugang zu göttlicher Allmacht und Allwissenheit verschafft, besitzen wir *alle* unvorstellbare Heilkräfte, die wir nach Belieben nutzen können.

Ebenso wie die Meinung, die wir von uns selbst haben, darüber entscheidet, ob wir gesund oder krank sind, so können auch unsere Urteile über andere deren Befinden mit beeinflussen. Wenn eine Freundin einem Glaubenssystem anhängt, das sie krank werden liess, und wir bestätigen oder glauben auch noch, was sie sich über ihre Krankheit zurechtgelegt hat, dann unterstützen wir ihr Kranksein, selbst wenn es unser innigster Wunsch ist, dass sie wieder gesund wird. Wenn wir andererseits innerlich fest davon überzeugt sind, dass sie gesund und vollkommen ist, unterstützen wir damit ganz sicher ihre Genesung. Es ist auch gar nicht nötig, dass sie erfährt, was wir da machen; manchmal ist es tatsächlich besser, wenn sie nichts davon weiss.

Es ist schon erstaunlich: Bloss die Meinung über jemand anderen zu ändern und bewusst ein Bild von Gesundheit und Wohlbefinden zu entwerfen und daran festzuhalten, kann in vielen Fällen jemanden *sofort heilen* und in vielen anderen Fällen den Gesundungsprozess beschleunigen und erleichtern.

Ich wurde sehr wissenschaftlich und rational orientiert erzogen und konnte es zunächst überhaupt nicht verstehen und annehmen, dass es die Fähigkeit gibt, andere Menschen aus der Ferne zu heilen. Mittlerweile habe ich dies zu oft miterlebt und erfahren, als dass ich noch länger daran zweifeln könnte.

Meine Fähigkeit zu heilen wird am besten gefördert, wenn ich mir vorstelle, dass ich ein offener Kanal bin – heilende Energie, spirituelle Energie des Universums strömt durch mich *hindurch* und fliesst zu dem Menschen, der sie braucht. Mein höheres Selbst gibt Energie an das höhere Selbst des Betreffenden ab, um die Heilung, wie sie auch aussehen mag, zu unterstützen. Gleichzeitig sehe ich ihn als das, was er in Wahrheit ist ... ein göttliches Wesen, eine schöne vollendete Offenbarung Gottes ... gesund und glücklich, wie es seiner Natur entspricht.

Im dritten Teil beschreibe ich Heilmethoden, die mir am meisten geholfen haben. Ich möchte dir Mut machen, sie auszuprobieren und selbst welche zu finden!

TEIL 3

Meditationen und Affirmationen

Beschliesst du eine Sache,
wird sie dir gelingen,
und das Licht wird
auf deinen Wegen scheinen.
Hiob 22:28

Erdung und Energiefluss

Hier handelt es sich um eine sehr einfache Technik des Visualisierens, die sich bei jeder Meditation als Einstieg gut eignet. Ziel dabei ist, deine Energie zum Fliessen zu bringen, alle Blockierungen aufzulösen und sicherzustellen, dass du fest mit der physischen Ebene verbunden bleibst, um während der Meditation nicht «abzuheben».

Sitze bequem in einem Stuhl oder im Schneidersitz auf dem Fussboden. Der Rücken ist gerade. Schliess die Augen, atme langsam und tief, zähle dabei von 10 bis 1, bis du dich tief entspannt fühlst.

Denke dir eine lange Schnur, die am unteren Teil deiner Wirbelsäule festgemacht ist und durch den Fussboden hindurch bis tief ins Erdinnere hineinreicht – wie eine Baumwurzel, die sehr weit in den Boden hineingewachsen ist. Das ist die «Erdungsschnur».

Stell dir nun vor, dass die Energie der Erde durch diese Schnur hochfliesst (durch deine Fusssohlen, wenn du in einem Stuhl sitzt) und weiter durch deinen ganzen Körper strömt und schliesslich ganz oben aus deinem Kopf wieder heraustritt. Stell dir das solange vor, bis du wirklich den Fluss spüren kannst. Spüre jetzt, wie die Energie des Kosmos von oben in deinen Kopf strömt, durch deinen Körper und deine Erdungsschnur bis hinunter zu den Füssen und in die Erde. Fühle, wie die Energie in beide Richtungen fliesst und in deinem Körper wie von selbst zu einer harmonischen Einheit wird.

Durch diese Meditation bleibt in dir das Gleichgewicht zwischen der kosmischen Energie (Vision, Phantasie, Imagination) und der stabilen, erdigen Energie auf der körperlichen Ebene erhalten ... ein Gleichgewicht, das dein Wohlbefinden steigern und die Kraft zu manifestieren stärken wird.

Die Energiezentren öffnen

Diese Meditation heilt und reinigt den Körper und bringt deine Energie zum Fliessen. Es ist sehr empfehlenswert, sie morgens gleich nach dem Aufwachen zu machen oder auch als Anfangsphase bei allen Meditationsübungen oder immer, wenn du dich entspannen und erfrischen willst:

Leg dich auf den Rücken, die Arme zur Seite; du kannst die Hände auch auf den Bauch legen. Mach die Augen zu, entspanne dich, und atme weich, tief und langsam.

Stell dir vor, dass ein strahlendes, goldenes Leuchten über deinem Kopf ist. Atme tief und langsam fünfmal ein und aus – bleib mit deiner Aufmerksamkeit bei dem Leuchten und spüre, wie die Strahlen oben aus deinem Kopf kommen.

Lenk nun deine Aufmerksamkeit zur Kehle. Stell dir wieder ein goldenes Leuchten vor, das von diesem Bereich ausstrahlt.

Atme langsam fünfmal ein uns aus, und betrachte aufmerksam dieses Licht.

Geh mit deiner Aufmerksamkeit hinunter zu deinem Brustzentrum. Stell dir noch einmal das goldene Licht vor, wie es seine Strahlen von der Mitte deiner Brust aussendet. Mach wieder fünf tiefe Atemzüge, wenn du spürst, dass immer mehr Energie freigesetzt wird.

Richte als nächstes deine Aufmerksamkeit auf das Sonnengeflecht (Solarplexus); visualisiere, wie das goldene Licht die ganze Körpermitte umschliesst. Atme langsam fünfmal in diesen Bereich.

Male dir nun aus, wie dein Becken in Licht getaucht ist und von Licht umgeben wird. Mach wieder fünf tiefe Atemzüge. Spüre, wie die Lichtenergie ihre Strahlen aussendet und sich immer mehr ausbreitet.

Sieh zum Schluss deine Füsse von strahlendem Licht umhüllt, und atme wieder fünfmal in diesen Bereich.

Stell dir nun vor, alle sechs Lichtkugeln leuchten gleichzeitig, und dein Körper ist wie eine Perlenkette, die Energie ausstrahlt.

Atme tief und denke dir, dass beim Ausatmen Energie aussen an deiner linken Körperseite von der Schädeldecke bis zu den Fussohlen entlangfliesst. Beim Einatmen fliesst sie an der rechten Körperseite entlang wieder zurück. Lass sie dreimal so um deinen Körper kreisen.

Visualisiere, wie die Energie ganz oben vom Kopf bis zu den Füssen fliesst, diesmal entlang der Vorderseite des Körpers. Und atme dabei langsam aus. Spüre beim Einatmen, wie sie entlang der Körperrückseite wieder zum Kopf hinauffliesst. Lass den Fluss in dieser Richtung dreimal kreisen.

Stell dir jetzt vor, daß sich die Energie in den Füssen sammelt. Lass sie langsam von den Füssen zum Kopf fliessen, durch dein Körperzentrum hindurch. Sieh, wie sie oben aus deinem Kopf wie eine Lichtfontäne herausschiesst und dann ausserhalb des Körpers wieder zu den Füssen zurückfliesst. Wiederhole es so oft es dir Spass macht.

Nach dieser Meditation wirst du tief entspannt und doch wach und voller Energie sein.

Der innere Rückzugsort

Du solltest schon bald, nachdem du begonnen hast, mit kreativem Visualisieren zu arbeiten, einen Ort in deinem Innern haben, der dir jederzeit als Rückzugsort dienen kann und ideal geeignet ist für Entspannung, Ruhe und Geborgenheit – du kannst ihn genau nach deinen Wünschen gestalten.

Schliess die Augen, mach es dir bequem und entspanne dich. Stell dir vor, du bist in einer schönen Naturlandschaft ... auf einer Wiese, auf einem Berggipfel, im Wald, am Meer oder sogar in der Tiefe des Ozeans oder auf einem anderen Planeten. Es kann jede Gegend sein, die auf dich anziehend wirkt. Wo es auch ist, es sollte dort bequem, angenehm und ruhig sein. Erforsche deine Umgebung, achte auf alle Geräusche und Gerüche, auf besondere Gefühle, die in dir entstehen.

Richte nun den Ort heimischer und bequemer ein. Sei erfinderisch! Vielleicht willst du so etwas wie ein Haus oder einen Un-

terschlupf bauen oder auch nur die ganze Gegend mit einem goldenen Licht des Schutzes und der Geborgenheit umhüllen. Der Ort soll Behaglichkeit ausstrahlen und dir gefallen. Oder du machst die Gegend in einem Ritual zu deinem ganz besonderen Platz.

Von da an ist dies dein persönlicher innerer Rückzugsort. Du kannst jederzeit dorthin zurückkehren. Schliess einfach die Augen! Das ist immer wieder heilsam und entspannend. Es ist auch ein Ort, der dir besondere Kraft gibt, und vielleicht suchst du ihn jedesmal auf, wenn du visualisierst.

Es kann sein, dass sich dein Rückzugsort von Zeit zu Zeit unerwartet verändert, dass du selbst ihn verändern oder einige Ergänzungen anbringen möchtest. Deiner Phantasie beim Einrichten deines Rückzugsortes sind keine Grenzen gesetzt, und du kannst eine Menge Spass dabei haben ... unverzichtbar sind lediglich der Friede, die Stille und das Gefühl von absoluter Geborgenheit.

Dein innerer Führer

Wir haben alle Weisheit und alles Wissen, das wir jemals brauchen, bereits in uns. Durch unsere Intuition, die uns mit der universalen Intelligenz verbindet, können wir darüber verfügen. Dennoch empfinden wir es oft als schwierig, mit unserer höheren Weisheit Verbindung aufzunehmen. Hier kann uns die Begegnung und die Bekanntschaft mit unserem inneren Führer weiterhelfen.

Der innere Führer hat noch viele andere Namen: Ratgeber, geistiger Führer, imaginärer Freund oder Meister. Er ist ein Teil von dir, auf einer höheren Ebene, und er kann dir in vielen verschiedenen Gestalten begegnen, gewöhnlich aber als Person oder Wesenheit, mit der du sprechen kannst und die wie ein weiser und liebevoller Freund zu dir ist.

Folgende Übung soll dir helfen, deinem geistigen Führer zu begegnen. Ein Freund oder eine Freundin kann sie dir vorlesen, während du meditierst. Du kannst sie aber auch vorher selbst durchlesen und dann machen.

Schliess die Augen, und entspanne dich tief. Suche deinen inneren Rückzugsort auf, und verweile dort ein paar Minuten, werde ruhig, und orientiere dich. Stell dir nun vor, dass sich von deinem Rückzugsort bis zum Horizont ein Weg erstreckt. Du gehst diesen Weg entlang und siehst in der Ferne eine Gestalt auf dich zukommen, die klares, helles Licht ausstrahlt.

Ihr kommt euch immer näher, und allmählich kannst du erkennen, ob die Gestalt ein Mann oder eine Frau ist, wie sie aussieht, wie alt sie ist und wie sie gekleidet ist. Je näher sie kommt, um so mehr Einzelheiten kannst du von ihrem Gesicht und ihrer gesamten Erscheinung erkennen.

Begrüsse diese Wesenheit, und frage sie nach ihrem Namen. Bleib bei dem Namen, der dir spontan einfällt, auch wenn er ungewöhnlich klingt.

Erforscht gemeinsam deinen Rückzugsort, nachdem du ihn deinem Führer gezeigt hast. Er macht dich vielleicht auf ein paar Dinge aufmerksam, die dir vorher nie aufgefallen sind, oder ihr geniesst einfach euer Zusammensein.

Frag deinen Führer, ob er dir etwas sagen oder einen Rat geben möchte. Wenn du willst, kannst du auch ein paar spezielle Fragen stellen. Vielleicht bekommst du sofort eine Antwort darauf; und wenn nicht, sei nicht entmutigt, du bekommst die Antworten zu einem späteren Zeitpunkt in anderer Form.

Ist es an der Zeit, dich von deinem Führer zu trennen, dankst du ihm und bringst deine Wertschätzung zum Ausdruck. Bitte ihn, dich in deinem Rückzugsort wieder zu besuchen.

Öffne die Augen, und kehre zur Aussenwelt zurück.

Nicht alle erleben die Begegnung mit ihrem Führer gleich, und deshalb ist es schwierig, etwas Allgemeingültiges zu sagen.

Grundsätzlich: Wenn du bei dieser Begegnung ein gutes Gefühl hast – wunderbar. Wenn nicht, sei erfinderisch und ändere an dem Ritual, was du für nötig hältst.

Mach dir nichts draus, wenn du deinen Führer nicht klar und deutlich erkennen kannst. Manchmal bleibt er nur ein Lichtschein oder eine verschwommene, schemenhafte Gestalt. Wichtig ist, dass du seine Kraft, Anwesenheit und Liebe spürst.

Kommt dein Führer in der Gestalt eines dir bekannten Menschen zu dir, so ist das ausgezeichnet, *es sei denn*, du fühlst dich nicht besonders gut dabei. Wiederhole in diesem Fall die Übung, und bitte ihn, er möge dir in einer Gestalt gegenübertreten, die dir sympathisch ist und mit der du dich wohl fühlst.

Sei nicht erstaunt, wenn dir dein Führer etwas exzentrisch oder skurril vorkommt ... die Gestalt, in der er sich zeigt, ist das Produkt unseres erfinderischen Geistes, der keine Grenzen kennt. Zum Beispiel kann er einen sehr ausgefallenen und eigenwilligen Humor, einen exotischen Namen und eine Neigung zum Dramatischen haben. Manchmal übermittelt er dir Gefühlseindrücke oder intuitives Wissen auf direktem Weg, ohne sich der Sprache zu bedienen.

Es *kann* auch sein, dass er von Zeit zu Zeit seine Gestalt und sogar den Namen ändert. Oder er bleibt jahrelang der gleiche. Und es ist auch möglich, dass du mehrere Führer gleichzeitig hast.

Dein Führer ist für dich da, und du kannst dich jederzeit an ihn wenden, wenn du besondere Führung, Weisheit, Wissen, Unterstützung, schöpferische Inspiration, Liebe oder Gesellschaft brauchst oder möchtest. Viele, die eine Beziehung zu ihrem Führer aufgbaut haben, sehen ihn jeden Tag in ihrer Meditation.

Die rosarote Seifenblase

Diese Meditation ist einfach, aber erstaunlich wirkungsvoll. Hier ist sie:

Sitze oder liege bequem, schliess die Augen und atme tief, langsam und gleichmässig. Entspanne dich, tiefer und tiefer.

Mal dir möglichst bildhaft aus, was du gerne manifestieren möchtest. Lass es in deinen Gedanken schon Wirklichkeit sein.

Hülle nun in deiner Phantasie den visualisierten Wunsch mit einer rosaroten Seifenblase ein. Rosarot ist eine Farbe, die mit dem Herzen assoziiert wird. Deshalb begünstigt die Energie dieser Farbe die Verwirklichung von Wünschen, die deinem innersten Wesen entsprechen.

Der dritte Schritt ist, die Seifenblase treiben zu lassen. Stell dir vor, wie sie in das Universum hinausschwebt, mit deiner Vision im Innern. Das symbolisiert dein gefühlsmässiges «Loslassen». Nun schwebt sie frei im Universum, zieht Energie an und sammelt sie, um deine Vision zu manifestieren.

Mehr brauchst du nicht tun.

Heilmeditationen

SICH SELBST HEILEN

Setz dich oder leg dich hin, atme und entspanne dich tief. Geh mit deiner Aufmerksamkeit nacheinander zu jedem Körperteil, zuerst zu den Zehen, dann zu den Füssen, Beinen, zum Becken usw. Lass jeden einzelnen Teil schwer werden und alle Anspannung verlieren. Spüre, wie sich die ganze Spannung löst und aus deinem Körper entweicht.

Du kannst die Meditation machen, die ich zum Öffnen der Energiezentren empfohlen habe, damit deine Energie wirklich zum Fliessen kommt.

Sieh nun deinen ganzen Körper in ein goldenes Licht getaucht: Es ist heilende Energie . . . fühl es . . . geniess es.

Angenommen, ein bestimmter Bereich deines Körpers ist erkrankt oder du hast dort Schmerzen – frag diesen Teil, ob er eine Botschaft für dich hat. Frag, ob es da etwas gibt, das du verstehen oder tun sollst, jetzt im Augenblick oder allgemein in deinem Leben.

Bemüh dich ernsthaft, die Antwort zu verstehen und auch danach zu handeln. Mach mit der Übung einfach weiter, auch wenn du keine Antwort bekommst.

Nun lass besonders liebende, heilende Energie in diesen Teil von dir fliessen und in jeden Körperteil, der sie braucht. Sieh oder spür, dass er geheilt ist. Vielleicht möchtest du auch deinen Führer, einen Meister oder Heilkundigen dabeihaben, um dir helfen zu lassen.

Stell dir vor, wie sich das Problem auflöst und seine Energie von dir wegfliesst.

Nun geh in der Vorstellung auf, dass du vor Gesundheit nur so strotzt und dich in verschiedenen Situationen aktiv und gesund fühlst. Sieh dich strahlend schön.

Affirmationen:
Ich kann nun ohne Krankheit leben. Ich bin frei und gesund.
Ich strotze nun vor Gesundheit und bin voller Energie.
Ich liebe meinen Körper und nehme ihn voll und ganz an.
Ich bin gut zu meinem Körper, und mein Körper ist gut zu mir.
Ich habe viel Energie und bin voller Lebenslust.
Mein Körper ist im Gleichgewicht und in vollkommener Harmonie mit dem Universum.
Ich werde immer gesünder, schöner und lebendiger. Danke.
Ich bin eine strahlende Offenbarung Gottes. Mein Geist und mein Körper bringen göttliche Vollendung zum Ausdruck.

Stell dir bei dieser Meditation vor, dass du vollkommen gesund bist und dich ein goldenes Licht umgibt, das heilend wirkt. Gib dem «Problem» keine Energie mehr, und lass nicht zu, dass es weiterhin Macht über dich ausübt, es sei denn, du spürst, dass hinter dem «Problem» noch mehr steckt, was du erst noch herausfinden musst.

ANDERE HEILEN

Diese Meditation solltest du für dich allein machen und *nicht* im Beisein von anderen. Du kannst den Menschen sagen, dass du Heilmeditationen für sie machst, oder darauf verzichten, je nachdem, was sie persönlich von einer solchen Idee halten.

Entspanne dich tief. Versuche, allmählich in einen tiefen, ruhigen Gemütszustand zu gelangen.

Sieh dich selbst als offenen Kanal. Es strömt heilende Energie des Universums hindurch. Diese Energie kommt nicht aus dir persönlich, sondern aus einer tieferen Quelle, und du trägst lediglich dazu bei, sie zu konzentrieren und weiterzuleiten.

Stell dir nun die betreffende Person möglichst deutlich vor, oder denke an sie. Frag sie, ob du ihr einen besonderen Wunsch erfüllen kannst. Sollte sie einen besonderen Wunsch äussern, dann erfülle ihn, so gut du kannst – allerdings nur, wenn du selbst ein gutes Gefühl dabei hast.

Verspürst du den Impuls, einen bestimmten Körperteil zu heilen oder an einem besonderen Problem zu arbeiten ... gib ihm nach. Alle Probleme sind gelöst, alles ist geheilt und in Ordnung.

Sieh nun, wie die Person in goldenes, heilendes Licht gehüllt ist ... kerngesund und glücklich. Sprich sie (in Gedanken) direkt an; erinnere sie daran, dass sie in Wahrheit ein vollkommenes, gottähnliches Wesen ist und keine Krankheit oder anderes Elend Macht über sie zu haben braucht. Sag ihr, dass du ihr hilfst, ganz gesund und glücklich zu sein, und sie weiterhin liebevoll unterstützen wirst.

Möchtest du die Meditation abschliessen, öffne die Augen. Kehre zur äusseren Welt zurück, erfrischt, neu belebt. gesund und gestärkt.

Gib der Krankheit keine Energie oder Macht mehr; betrachte diesen Menschen von jetzt an als völlig geheilt.

IN GRUPPEN HEILEN

Sehr wirksam ist das Heilen in Gruppen.

Falls sich die zu heilende Person im Raum befindet, soll sie sich in die Mitte legen oder auf einen Stuhl setzen (was ihr lieber ist) und alle anderen setzen sich kreisförmig um sie herum.

Alle sollten die Augen schliessen, still sein und sich tief entspannen. Stellt euch vor, ihr gebt der Person in der Mitte heilende Energie. Denkt daran, es ist die heilende Energie des Universums, die euch durchströmt und die ihr weiterleitet. Seht die Person in goldenes Licht gehüllt; sie fühlt sich wohl und ist völlig gesund.

Wenn ihr wollt, könnt ihr alle die Arme hochheben, die Handflächen sind auf die Person in der Mitte gerichtet. Spürt, wie die Energie durch eure Hände zu ihr hinfliesst.

Besonders viel Energie wird frei, wenn während der Heilmeditation alle zusammen ein paar Minuten lang «OM» singen. Die heilende Schwingung eines Tones macht die Meditation noch wirkungsvoller («OM» wird als langer, tiefer und vollklingender Ton mit dem Laut a-a-au-m-m gesungen. Dabei wird der Ton so lang wie möglich gehalten. Es wird ohne Unterbrechung weitergesungen).

Ist die Person nicht im Raum, sollte jemand sagen, wie sie heisst und wo sie lebt. Dann verfahrt ihr so, als ob sie anwesend wäre. Die Wirksamkeit von heilender Energie wird durch Entfernung überhaupt nicht beeinträchtigt. Ich habe viele erstaunliche Heilerfolge gesehen, und es war nebensächlich, ob sich die Personen in grosser Entfernung aufhielten, oder im Raum persönlich anwesend waren.

HEILMEDITATIONEN GEGEN SCHMERZEN

Folgende Meditation kannst du mit einer Person machen, die gerade Kopfschmerzen hat oder unter einem anderen besonderen Schmerz leidet:

«Leg dich hin, schliess die Augen, und entspanne dich tief. Konzentriere dich eine Weile auf deinen Atem. Atme tief und langsam, aber gleichmässig. Zähle langsam von zehn bis eins. Fühle dich mit jeder Zahl entspannter, und tauche in tiefere Schichten deines Seins ein.

Du bist jetzt tief entspannt. Sieh vor deinem geistigen Auge eine helle Farbe, egal welche (bleib bei der ersten Farbe, die dir in den Sinn kommt). Stell dir einen hellen Lichtschein in dieser Farbe mit einem Durchmesser von etwa 15 cm vor. Der Lichtschein wird allmählich immer grösser, bis du nur noch dieses farbige Licht vor dir siehst. Ja – nun lass ihn allmählich wieder zusammenschrumpfen, er wird kleiner und kleiner bis zu seiner ursprünglichen Grösse. Lass ihn jetzt noch kleiner werden, bis er 1 bis 2 cm im Durchmesser misst. Ja er schrumpft noch weiter, bis er am Ende einfach nicht mehr da ist.»

Wiederholt diese Visualisierungsübung. Diesmal soll die Person von der Vorstellung ausgehen, dass die Farbe ihren Schmerz darstellt.

Anrufung

Mit Hilfe dieser Meditation kannst du jede Form von Energie, jede beliebige Eigenschaft oder Gefühlsqualität «herbeirufen», «heraufbeschwören» oder «erflehen»:

Schliess die Augen, und entspanne dich tief. Wähle zur Einstimmung eine Meditation aus: zum Beispiel «Erdung und Energiefluss» oder «Öffnung der Energiezentren». Oder du suchst einfach deinen inneren Rückzugsort auf, entspannst dich dort und atmest eine Weile tief.

Bist du entspannt und spürst Energie in dir, sprich leise, aber deutlich und entschlossen: «Ich empfinde jetzt Liebe.» Spür, wie Liebesenergie in dich strömt oder irgendwo in deinem Innern entsteht, dich erfüllt und von dir ausstrahlt. Geh ein paar Minuten völlig in diesem Gefühl auf. Du kannst dann, wenn du willst, die Energie für Visualisieren und Affirmationen aufwenden, um ein anderes Wunschziel zu erreichen.

Es lässt sich jede erwünschte und benötigte Eigenschaft oder Energie herbeirufen ...

Kraft	*Wärme*
Weisheit	*Klarheit*
Heiterkeit	*Intelligenz*
Mitgefühl	*Kreativität*
Sanftheit	*heilende Kraft ...*

Bestätige dir selbst, dass du die betreffende Eigenschaft jetzt schon hast.

Eine weitere phantastische Möglichkeit, die Kraft, die in dieser Technik steckt, zu nutzen, ist das Herbeirufen der Energie oder des Wesens einer bestimmten Person, deren Eigenschaften du haben möchtest. Wenn du einen der Meister anrufst, wie etwa Buddha, Christus oder Maria, aktivierst du damit universale Eigenschaften, die durch diese Person symbolisiert werden, die aber auch jeder einzelne von uns in sich hat. Bittest du zum Beispiel Christus, er soll in dir und durch dich wirken, aktivierst du sehr wirkungsvoll in dir selbst Liebe, Mitgefühl, Vergebung und die Fähigkeit zu heilen.

Hast du einen besonderen Meister, Lehrer oder ein Vorbild, das dich anspricht, rufe ihn oder sie mit Hilfe der oben beschriebenen Technik an, wenn du seine/ihre besonderen Eigenschaften brauchst.

Diese Art von Meditation ist besonders dann zu empfehlen, wenn du eine besondere Fertigkeit oder ein Talent verfeinern und weiterentwickeln willst. Studierst du zum Beispiel Musik oder Kunst, rufe einen grossen Meister des betreffenden Fachs an, den du besonders bewunderst; stell dir vor, wie er dich unterstützt und dir hilft und spür, wie dich seine schöpferische Energie und sein Genius durchströmt. Du brauchst dabei keineswegs seine persönlichen Probleme oder Schwächen zu übernehmen, die er eventuell hatte oder hat; du rufst ihn als *Idealtypus* zu dir. Mit dieser Meditation können viele erstaunliche Erfolge erzielt werden.

Affirmationen können auf verschiedene Art gemacht werden

Es gibt viele Möglichkeiten, Affirmationen mit Erfolg zu machen. Mit Hilfe von Affirmationen wirst du ganz allgemein positiver und kreativer; aber du kannst damit auch spezielle Ziele erreichen.

Denke daran, es ist wichtig, dass du dich *entspannt* fühlst, wenn du Affirmationen machst. Sei nicht erpicht darauf, Erfolg zu haben. Vergiss nicht, dass alles schon in dir *ist*, was du brauchst; alles Zusätzliche ist wie Zuckerguss auf dem Kuchen.

AFFIRMATIONEN WÄHREND DER MEDITATION

Sprich deine Affirmationen leise vor dich hin, während du meditierst oder dich tief entspannst, vor allem kurz vor dem Schlafengehen oder gleich nach dem Aufwachen.

AFFIRMATIONEN SPRECHEN

1. Sag Affirmationen leise oder laut vor dich hin, immer wenn es dir in den Sinn kommt, besonders beim Autofahren, bei der Hausarbeit oder anderen Routinetätigkeiten.

2. Sag sie laut zu dir selbst und betrachte dich dabei im Spiegel. Das ist besonders gut bei Affirmationen, die dein Selbst-Vertrauen und deine Selbst-Liebe steigern sollen. Schau dir direkt in die Augen, und sag dir selbst, dass du schön, liebenswürdig und wertvoll bist. Lass es ruhig zu, wenn du dich nicht wohl dabei fühlst. Nach einiger Zeit wirst du diese Barrieren durchbrechen, und es wird dir nicht mehr schwerfallen, dich anzusehen und zu lieben. Du wirst möglicherweise feststellen, dass durch diese Übung bestimmte Gefühle angerührt werden und hochkommen.

3. Nimm deine Affirmationen mit einem Tonbandgerät auf, und lass das Band oder die Cassette immer wieder ablaufen, während du in der Wohnung bist, Auto fährst usw. Formuliere sie in der ersten, zweiten und dritten Person, und setze jeweils deinen Namen ein.

Zum Beispiel: *«Ich, Shakti, bin immer völlig entspannt und in meiner Mitte.» «Shakti, du bist immer völlig entspannt und in deiner Mitte.» «Shakti ist immer völlig entspannt und in ihrer Mitte.»*

Du kannst auch einen kleinen Vortrag auf Band aufnehmen, der vielleicht in drei oder vier Abschnitten beschreibt, wie du selbst gerne sein möchtest; oder du schilderst eine bestimmte Situation, ganz wie sie deinen Wünschen entspricht. Diesen Vortrag kannst du ebenfalls in die erste, zweite und/oder dritte Person setzen.

AFFIRMATIONEN SCHREIBEN

1. Wähle eine bestimmte Affirmation aus und schreib sie einfach 10- oder 20mal hintereinander auf. *Denke ernsthaft* über den Sinn der Worte nach, während du sie niederschreibst. Fallen dir dabei bessere, treffendere Formulierungen ein, änderst du die Affirmationen dementsprechend ab. Das ist eine der wirkungsvollsten Techniken, die ich je gefunden habe, und noch dazu ist sie ganz leicht zu machen. Im vierten Teil findet sich dazu ein eigenes Kapitel.

2. Schreib Affirmationen entweder mit der Hand oder mit der Maschine auf Kärtchen o. ä., und bringe sie als Erinnerungshilfen an verschiedenen Stellen in deiner Wohnung oder an deinem Arbeitsplatz an. Gut geeignet dafür sind: Kühlschrank, Telefon, Spiegel, Schreibtisch, Esstisch, über dem Bett.

AFFIRMATIONEN MIT ANDEREN

1. Wenn du einen Freund/eine Freundin hast, der/die auch mit Affirmationen arbeiten will, so könnt ihr durch Partnerübungen gute Erfolge erzielen. Setzt euch gegenüber, schaut euch in die Augen, gebt euch jeweils abwechselnd Affirmationen, und sagt «ja» dazu.

David: «Linda, du bist schön, liebevoll und originell.»
Linda: «Ja, ich weiss!»

Wiederholt das 10- bis 15mal. Vertauscht dann die Rollen. Linda gibt also nun David die Affirmation, und er bejaht sie. Versucht es anschliessend in der ersten Person:

David: «Ich, David, bin schön, liebevoll und originell.»
Linda: «Ja, das stimmt.»

Wiederholt es mehrmals.

Seid immer aufrichtig und ernsthaft, wenn ihr euch Affirmationen gebt, selbst wenn ihr euch ein wenig albern dabei vorkommt. Wir haben hier eine wunderbare Gelegenheit, andere Menschen zu lieben und zu unterstützen und ihnen tatsächlich zu helfen, ihre negativen Gedanken in positive umzuwandeln.

Es ist so gut wie sicher, dass ihr nach dieser Partnerübung tiefe Liebe zueinander empfinden werdet ...

2. Bitte deine Freunde/Freundinnen, dich auch sonst häufig mit Affirmationen zu unterstützen. Du möchtest zum Beispiel lernen, dich zwangloser auszudrücken und dies mit Affirma-

tionen bekräftigen. Bitte doch einen guten Freund/eine gute Freundin, dir immer wieder folgendes zu sagen: *«Jeannie, du drückst dich zur Zeit sehr deutlich und klar aus!»*

Macht daraus ein Spiel, und ihr werdet sehen, wie hilfreich es ist, einander Affirmationen zu geben. Wir neigen unwillkürlich dazu, dem viel Gewicht beizumessen, was unsere Freunde/Freundinnen uns sagen, ob es nun positiv oder negativ ist; wir neigen innerlich dazu, die Meinungen anderer über uns für wahr zu halten. Deshalb bringt ein starkes, positives feed-back, das von Freunden/Freundinnen in Form von Affirmationen gegeben wird, sehr viel.

3. Fang an, in Gesprächen mit anderen, Affirmationen einfliessen zu lassen – indem du dich eindeutig und positiv über Dinge und Menschen (dich selbst eingeschlossen) äusserst, die du gerne positiver sehen möchtest. Es ist erstaunlich, welch tiefgreifende Veränderungen sich in deinem Leben ergeben können, wenn du im täglichen Sprachgebrauch positiver wirst.

Vorsicht: Wende diese Technik *nicht* an, wenn du spürst, dass du damit deine wahren Gefühle verdrängst. Wende sie auch nicht an, wenn du dich verwirrt oder sehr negativ fühlst oder dich dabei selbst verleugnen würdest. Betrachte sie als konstruktive Hilfe, deine unbewussten negativen Sprachmuster zu verändern und deren Ursachen zu beseitigen.

AFFIRMATIONEN SINGEN UND CHANTEN (SPRECHGESANG)

1. Mach es dir zur Gewohnheit, Lieder zu lernen, die eine Wirklichkeit schildern, wie du sie erschaffen würdest; hör sie dir oft an, und sing sie oft. Ein grosser Teil unseres derzeitigen Bewusstseins ist von Schnulzen geprägt. Sie erzeugen eine Wirklichkeit, in der wir hoffnungslos von unserem Geliebten/unserer Geliebten abhängig sind, sterben würden, wenn er/sie uns verliesse und wir nicht recht wissen, ob das Leben noch

Sinn hat, wenn es uns nicht gelingt, eine bestimmte Person zu «bekommen» oder zu «besitzen» usw.

2. Lass dir selbst Lieder oder einfache Sprechgesänge einfallen. Als Texte kannst du Affirmationen verwenden, mit denen du gerne arbeiten möchtest.

WEITERE AFFIRMATIONEN

Sich selbst annehmen

Ich nehme mich voll und ganz an – hier und jetzt.
Ich liebe mich so, wie ich bin, und mir geht es immer besser.
Ich nehme all meine Gefühle als Teil meiner selbst an.
Ich bin schön und liebenswert, ganz egal wie ich mich fühle.
Ich bin nun bereit, all meine Gefühle zuzulassen.
Es tut mir gut, meine Gefühle auszudrücken. Ich kann jederzeit meine Gefühle ausdrücken.
Ich liebe mich, wenn ich meine Gefühle ausdrücke.

Sich gut fühlen

Es ist für mich in Ordnung, wenn ich meinen Spass habe und mich amüsiere. Ja!
Ich mache gerne Dinge, die mir guttun.
Ich bin immer völlig entspannt und in meiner Mitte.
Ich fühle jetzt tiefen inneren Frieden und Heiterkeit.
Ich bin froh, dass ich geboren wurde. Ich liebe das Leben.

Beziehungen

Ich liebe mich und habe zu jeder Zeit in meinem Leben Liebesbeziehungen.

Ich spüre Kraft und Liebe in meinen Beziehungen.
Ich verdiene Liebe und sexuelle Lust.
Ich bin nun bereit, eine glückliche, erfüllende Beziehung einzugehen.
Ich fühle mich jetzt in allen meinen Beziehungen glücklich.
Je mehr ich mich selbst liebe, um so mehr liebe ich ______.
Ich liebe ______ und ______ liebt mich.
Alle Schwierigkeiten zwischen mir und ______ sind nun gelöst.
Wir haben eine wunderbare Beziehung.
Göttliche Liebe wirkt jetzt durch mich und schenkt mir eine ideale Beziehung mit ______.
Ich bekomme jetzt genau die Art von Beziehung, die ich will.
Ich bin jetzt für meinen idealen Partner / meine ideale Partnerin in jeder Hinsicht unwiderstehlich.

Kreativität

Schöpferische Energie durchströmt mich jetzt ungehindert.
Ich habe jeden Tag originelle Ideen und fühle mich inspiriert.
Ich bin der Schöpfer / die Schöpferin meines Lebens.
Ich gestalte nun mein Leben so, wie ich es haben möchte.

Göttliche Liebe und Führung

Durch das vollendete Wirken göttlicher Liebe ist jetzt in dieser Situation das Wohl aller sichergestellt.
Durch mich wirkt göttliche Liebe und göttliches Licht.
Göttliche Liebe führt mich und ebnet mir den Weg.
Gott zeigt mir jetzt den Weg.
Meine innere Weisheit führt mich jetzt.
Ich erkenne jetzt intuitiv die Lösung dieses Problems.
Das Licht in mir vollbringt Wunder in meinem Körper, meinem Geist und meinen persönlichen Angelegenheiten – hier und jetzt.

TEIL 4

Besondere Techniken

Um hinter das Geheimnis glücklicher Beziehungen
zu kommen, musst du nur das Göttliche
in den Menschen und Dingen suchen und
dann alles andere Gott überlassen.

J. Allen Boone
in *Kinship With All Life*

Ein nützliches Notizbuch

Besorge dir ein Notizbuch, und verwende es als Arbeitsbuch für kreatives Visualisieren. In diesem Teil des Buches stelle ich eine Anzahl schriftlicher Übungen und Techniken vor, die du vielleicht machen und in deinem Notizbuch festhalten willst. Es kann sein, dass du Affirmationen aufschreiben möchtest, die du gehört oder selbst formuliert hast. So hast du sie jederzeit griffbereit, wenn du sie brauchst. Es gibt noch viele andere originelle Möglichkeiten, mit einem Notizbuch zu arbeiten: etwa deine Träume und Phantasien festhalten, Tagebuch führen über deine Fortschritte im kreativen Visualisieren, inspirierende Gedanken und Ideen oder Zitate aus Büchern und Liedern aufschreiben, die dich ansprechen, Bilder malen oder eigene Gedichte und Lieder eintragen, die deine wachsende Bewusstheit zum Ausdruck bringen.

In meinem Notizbuch arbeite ich regelmässig an meinen Zielen, Affirmationen, Idealvorstellungen und Schatzkarten. Ich habe die Erfahrung gemacht, dass mir dieses Notizbuch eine wertvolle Hilfe ist.

Hier sind ein paar Vorschläge für die inhaltliche Gestaltung deines Notizbuches:

1. *Affirmationen.* Schreib deine Lieblings-Affirmationen auf. Du kannst sie alle auf einer Seite aufführen, oder du schreibst jede auf ein extra Blatt, verzierst die Ränder und machst Muster darauf. So ist es jedesmal ein schönes Erlebnis, sie durchzulesen, innezuhalten und darüber zu meditieren.

2. *Ström über!* Stell eine Liste auf mit allen Möglichkeiten, wie du der Welt und den Mitmenschen deine Energie weitergeben kannst. Denke dabei auch daran, wie du Geld, Zeit, Liebe und Zuneigung, Anerkennung, körperliche Energie, Freundschaft, Berührung und deine besonderen Talente und Fähigkeiten anderen geben oder schenken kannst. Ergänze die Liste, wenn dir was Neues dazu einfällt.

3. *Sei erfolgreich!* Schreib alles auf, wo du fühlst: da bin ich oder war ich erfolgreich oder da war mein Bemühen von Erfolg gekrönt. Lass keinen Lebensbereich aus, denke nicht nur an deine Arbeit. Notiere alles, was dir wichtig ist, auch wenn andere es für unwichtig halten. Ergänze die Liste laufend, sobald dir neue Dinge einfallen, oder führe erst kürzlich erzielte Erfolge an. Sinn dieser Liste ist, dich selbst und deine Fähigkeiten dankbar anzunehmen, was dir wiederum neue Energie gibt, um noch mehr zu erreichen.

4. *Sei dankbar!* Führe alles auf, wofür du besonders dankbar bist oder was du in deinem Leben besonders hochschätzt. Eine solche Liste zu machen und sie immer wieder zu ergänzen kann dir Herz und Augen öffnen für die vielen Reichtümer, die wir alle in unserem Leben haben und oft für selbstverständlich halten. Es vergrössert deine Fähigkeit, Wohlstand und Reichtum auf jeder Ebene wahrzunehmen und damit auch die Fähigkeit, diese Dinge zu manifestieren, wie du sie willst.

5. *Vertrau dir selbst!* Erstelle eine Liste mit allem, was du an dir magst, mit all deinen positiven Eigenschaften. Das ist kein «ego trip» – je besser dein Gefühl zu dir selbst ist, und je mehr du deine bewundernswerten Eigenschaften anerkennst, um so glücklicher und liebevoller wirst du sein, um so mehr wird deine schöpferische Energie fliessen, und um so mehr kannst du der Welt geben.

6. *Liebe dich selbst!* Überlege dir, wie du dir selbst Gutes tun kannst, was dir Freude macht und Befriedigung verschafft. Notiere alles, was dir dazu einfällt. Es kann alles mögliche sein, aber du solltest es täglich mühelos durchführen können. Und mach es wirklich täglich! Dadurch geht es dir besser, und du bist zufriedener mit deinem Leben, was dir mehr Klarheit für deine Lebensgestaltung gibt.

7. *Heile und hilf!* Halte all jene namentlich fest, die Heilung, besondere Unterstützung und Hilfe brauchen, gleich welcher Art. Schreib eigens für sie Affirmationen auf. Jedesmal wenn du in deinem Notizbuch blätterst, unterstützt du sie mit deiner Energie.

8. *Phantasien und originelle Ideen.* Skizziere kurz alle Vorstellungen, Pläne, Zukunftsträume oder originellen Ideen, die dir in den Sinn kommen, selbst wenn sie weit hergeholt sein mögen oder wenn du sicher bist, dass du sie wieder fallenlässt. Das macht dich lockerer und regt deine Phantasie und deine natürlichen schöpferischen Fähigkeiten an.

Vielleicht meinst du, es sei schwierig, im Alltag die nötige Zeit zu finden, mit deinem Notizbuch zu arbeiten. Nimmst du dir trotzdem ein paar Minuten täglich, etwa ein oder zwei Stunden wöchentlich Zeit, wirst du bald einmal feststellen, dass in dir sehr viel passiert.

Um das durch äussere Aktivitäten zu erreichen, müsstest du 100mal mehr Zeit und Energie aufwenden.

Klärungsübungen

Während du kreatives Visualisieren anzuwenden lernst, stösst du womöglich auf Blockierungen in dir, die dich daran hindern, das Beste in deinem Leben zu erreichen.

Eine «Blockierung» ist eine Stelle, wo sich Energie staut – nicht in Bewegung ist, nicht fliesst. Blockierungen entstehen gewöhnlich aufgrund von verdrängten Gefühlen wie Angst, Schuld und/oder Hass/(Wut). Die Folge ist, dass sich die betreffende Person verspannt und spirituell, emotional, geistig-seelisch und sogar körperlich «zu-macht».

Ganz egal, mit welcher Blockierung auf welcher Ebene wir es zu tun haben, wichtig ist immer, die Energie in dem betroffenen Bereich in Bewegung zu setzen und zum Fliessen zu bringen. Schlüssel dazu sind:

1. Geistiges und gefühlsmässiges Annehmen (die äussert sich auf der körperlichen Ebene als volle Entspannung und Gelöstheit).

2. Unbefangenes Hinschauen; das lässt dich die Wurzel des Problems erkennen – Einstellungen oder Glaubenssätze, die dich einengen.

Beschäftigen wir uns also mit einem Bereich unseres Bewusstseins, wo eine Blockierung ist, müssen wir zuerst das Gefühl, das wir in diesem Bereich eingesperrt haben, (so weit wie möglich) zulassen und es verständnisvoll annehmen. Dadurch kommt die blockierte Energie in Gang, und wir haben die Chance, die unterschwelligen negativen Glaubenssätze oder Einstellungen anzuschauen, die Ursache für das Problem sind. Wir können sie ausgiebig und genau betrachten und beobachten, wie sie von selbst verschwinden.

Es ist schon erstaunlich: Die Auseinandersetzung mit einem lebensfeindlichen Glaubenssatz und das Annehmen der Gefühle, die damit zusammenhängen, scheint wahre Wunder zu wirken; es ist fast unvermeidlich, dass sich das Problem auflöst sobald du dich selbst verstehst und annimmst. Es ist viel einfacher als du denkst.

Der Trick dabei ist, *dich* zärtlich dafür *zu lieben und anzunehmen*, dass du diesem Glaubenssatz anhängst und gleichzeitig aber auch zu *sehen, dass du bereit bist, ihn loszulassen,* weil er einschränkend, zerstörerisch, selbst-zerstörerisch und *falsch* ist.

Einige grundlegende Glaubenssätze, die weit verbreitet sind und sich verhängnisvoll auswirken:

Ich bin nicht in Ordnung ... mit mir stimmt etwas nicht ...
Ich bin unwürdig und verdiene es nicht.
Ich habe Böses in meinem Leben getan und verdiene, dafür bestraft zu werden.
Die Menschen (ich selbst auch) sind von Grund auf schlecht – selbstsüchtig, grausam, dumm, unzuverlässig, einfältig etc.
Die Welt ist voller Gefahren.
Ich bekomme nicht genug _____ (Liebe, Geld, Besitz etc.).
Deshalb muss ich darum kämpfen.

oder

Es ist hoffnungslos, ich werde immer zu wenig bekommen.

oder

Weil ich viel habe, haben andere nichts.

Zu leben heisst Schmerzen erdulden, leiden, hart arbeiten ... es macht keinen Spass.

Lieben ist gefährlich ... ich könnte verletzt werden.

Stark sein ist gefährlich ... ich könnte jemanden verletzen.

Geld ist die Wurzel allen Übels. Geld verdirbt die Menschen.

Die Welt ist nicht vollkommen und wird es niemals sein. Tatsächlich werden die Verhältnisse immer schlechter.

Ich habe keinen Einfluss darauf, was mir zustösst ... ich stehe meinem Leben oder den Gegebenheiten der Welt machtlos gegenüber.

Lies diese negativen Gedanken durch, und werde dir klar darüber, ob auch du solche Glaubenssätze oder Grundgefühle in dir entdeckst.

Es mag deprimierend sein, sie gesammelt vor sich zu sehen – Tatsache ist aber, dass jeder von uns bis zu einem gewissen Grad die Wirklichkeit negativ erlebt. Sonst wären wir nämlich schon Wesen, die ihre Selbst-Verwirklichung erreicht haben. Je mehr wir diese Glaubenssätze für wahr halten, desto weiter sind wir von der Verwirklichung unserer gottähnlichen Natur entfernt.

Es ist kein Wunder, dass diese Gedanken unser Wirklichkeitsempfinden prägen – im derzeitigen Entwicklungsstadium unserer Welt sind sie alle ausserordentlich weit verbreitet. In der Tat wird unsere Zeit von diesen Gedanken beherrscht, wenn auch vieles glücklicherweise schon in Bewegung gerät.

Wichtig ist die Erkenntnis, dass es sich nur um *Glaubenssätze* handelt; sie sind nicht objektive Wahrheit. Wir *glauben*, dass sie wahr sind, wenn wir uns in der Welt umschauen – weil so viele Menschen daran glauben und dementsprechend handeln.

Um die Welt zu verändern, ist es am wirkungsvollsten, wenn du im Innersten positiver über das Wesen des Lebens, der Men-

schen, der Wirklichkeit denkst ... und anfängst, danach zu handeln.

Dieses Buch will dir dabei helfen.

KLÄRUNGSÜBUNGEN:

Versuche folgende Übung, wenn du Schwierigkeiten hast, klar zu erkennen, welche Ziele du hast oder Gefühlswiderstände in dir spürst, sie auch in die Tat umzusetzen:

1. *Schreib oben auf ein Blatt Papier folgendes: «Der Grund, warum ich nicht bekomme, was ich möchte, ist ...» Notier darunter alle Gedanken, die dir spontan einfallen und den Satz vervollständigen. Überlege nicht allzu lange, und nimm es nicht zu ernst. Schreib etwa 20 oder 30 Gedanken so auf, wie sie dir in den Sinn kommen, auch wenn sie sich scheinbar dumm oder albern anhören. Eine solche Liste könnte beispielsweise so aussehen:*

Der Grund, warum ich nicht bekomme, was ich möchte, ist ...
Ich bin zu faul.
Ich habe zu wenig Geld.
Das gibt es überhaupt nicht.
Ich habe es schon öfter versucht, aber es hat nie geklappt.
Mutter sagte: «Das kannst du nicht.»
Ich will nicht.
Es ist zu schwierig.
Ich habe Angst.
Hans hätte etwas dagegen.
Es wäre zu schön ...
und so weiter ...

2. *Mach die Übung, nur benenne diesmal genau, was du möchtest, zum Beispiel «Der Grund, warum ich keine gute Arbeitsstelle bekomme ist ...» und mach weiter wie oben.*
Sitz nun ein paar Minuten ruhig da und überprüfe, ob du den

einen oder anderen Gedanken, den du auf die Liste geschrieben hast, für richtig hälst ... oder inwieweit du daran glaubst. Entwickle ein Gespür dafür, wie sehr du deine Möglichkeiten selbst beschneidest.

3. *Erstelle nun eine Liste mit allen nur erdenklichen negativen Einstellungen dir selbst, anderen Menschen, Beziehungen, der Welt, dem Leben gegenüber.*

Sitz wieder ruhig da, und werde dir klar, von welchen dieser Gedanken du dich bewusst oder unbewusst beherrschen lässt.

Fühlst du während einer dieser Übungen Gefühle hochkommen, lass sie zu, und erlebe sie so intensiv wie möglich. Lass dich voll darauf ein, und nimm sie an. Vielleicht erinnerst du dich blitzartig an ein Kindheitserlebnis oder an Aussprüche deiner Eltern oder Lehrer/-innen, die auf eine bestimmte Art festgelegt haben, wie du die Welt siehst.

4. *Zerreiss einfach deine Listen, und wirf sie weg, wenn du spürst, dass du diese Übung abschliessen kannst, vor allem dann, wenn du mit einem oder mehreren Glaubenssätzen, an denen du festhältst, konfrontiert worden bist. Dies symbolisiert, wie wenig Einfluss sie jetzt auf dein Leben haben.*

Sitz dann ruhig da, entspanne dich, und mach einige Affirmationen, um deine einengenden Glaubenssätze durch positive zu ersetzen, die dich öffnen und aufbauen.

Ein paar klärende Affirmationen, die hier passen:

Ich lasse nun meine ganze Vergangenheit los. Sie ist vorbei, und ich bin frei.
Ich löse nun alle negativen, einschränkenden Glaubenssätze auf. Sie haben keine Macht über mich.
Ich vergebe nun allen Menschen, die ich kenne, und gebe sie frei.
Wir sind alle glücklich und frei.

Ich brauche nicht zu versuchen, anderen zu gefallen. Ich bin von Natur aus liebenswert und reizend, egal was ich tue.
Ich lasse nun alle angesammelte Schuld, Missgunst, allen Hass, alle Ängste und Enttäuschungen los. Ich bin frei und klar.
All meine negativen Selbst-Bilder und Einstellungen sind nun aufgelöst. Ich liebe und schätze mich.
Ich gehe frei aus mir heraus und geniesse das Leben.
Es ist schön, in dieser Welt zu leben.
Das Universum sorgt unentwegt für mich.

WEITERE KLÄRUNGSÜBUNGEN

1. *Vergebung und Befreiung. Notiere auf einem Blatt Papier die Namen aller Menschen, bei denen du das Gefühl hast, dass sie dich irgendwann in deinem Leben schlecht behandelt, verletzt oder dir unrecht getan haben. Schreib auch die Namen derer auf, die du so behandelst oder behandelt hast. Schreib neben jeden Namen, was der Betreffende/die Betreffende dir angetan hat oder weshalb du ihn/sie hasst.*

Schliess dann die Augen, entspanne dich, und visualisiere jede einzelne Person. Unterhalte dich jeweils ein wenig mit ihr und erkläre ihr, dass du sie in der Vergangenheit gehasst oder verletzt hast, jetzt aber dein möglichstes tun wirst, um ihr alles zu verzeihen, damit sich die blockierte Energie zwischen euch auflöst und für anderes frei wird. Versichere der betreffenden Person, dass du ihr wohlgesonnen bist, und sag ihr: «Ich verzeihe dir und gebe dich frei. Geh deinen eigenen Weg und sei glücklich.»

Schreib auf dein Papier «Ich verzeihe jetzt euch allen und gebe euch alle frei». Wirf es weg, als Zeichen dafür, dass du die Vergangenheit loslässt.

Viele machen die Erfahrung, dass diese Übung des Vergebens und Freigebens wahre Wunder wirkt und sie unverzüglich von ihrem lästigen Druck, ihrem angestauten Hass und ihrer Feindseligkeit befreit. Das Wunderbare daran ist, dass die anderen, selbst wenn du sie nie mehr wiedersehen wirst, auf einer psychischen Ebene dein Verzeihen registrieren. Das bringt auch in ihr Leben Klarheit.

Mag sein, dass du dich bestimmten Menschen gegenüber (vor allem Vater und/oder Mutter, Ehemann/Ehefrau oder anderen wichtigen Menschen in deinem Leben) nicht erleichtert oder befreit fühlst, nachdem du die Übung das erste Mal gemacht hast. Mach die Übung in diesem Fall in bestimmten Zeitabständen immer wieder, wünsche ihnen alles Gute und verzeihe ihnen immer und immer wieder, soweit es dir aus tiefstem Herzen möglich ist. Am Ende ergibt sich für dich eine Lösung. (Denke daran, du machst es für *dich*, zu deinem Nutzen, es soll *dich* gesund und glücklich machen).

Viele Menschen stellen bei körperlichen Problemen erstaunliche Heilerfolge fest, die sie dieser Übung zu verdanken haben. Es besteht ein direkter Zusammenhang zwischen vielen körperlichen Leiden wie etwa Krebs und Arthritis und angestauter Wut und unterdrücktem Hass.

2. *Denke darüber nach, ob du jemals Menschen verletzt oder ihnen unrecht getan hast. Schreib alle Namen auf, die dir einfallen und auch, was du ihnen angetan hast.*

Schliess wieder die Augen, entspanne dich und stell dir jede Person nacheinander vor. Sag ihnen jeweils, was du getan hast, und bitte sie, dir zu verzeihen. Stell dir vor, dass sie deine Bitte erfüllen.

Bist du damit fertig, schreibst du unten auf dein Blatt (oder quer darüber) «Ich verzeihe mir und spreche mich von aller Schuld frei, hier und jetzt und für immer!» Zerreiss das Blatt und wirf es weg.

ABSCHLIESSEND NOCH EINE ÜBUNG:

Durchstöbere Schränke, Schubladen, deine ganze Wohnung, die Garage, den Schreibtisch etc. nach «Sachen», die sich im Laufe der Zeit angesammelt haben und die du nicht mehr brauchst. Wirf sie weg oder verschenke sie.

Dieses handfeste, konkrete Tun auf der physisch-gegenständlichen Ebene symbolisiert, was du auf der geistigen, emotionalen und psychischen Ebene machst – altes, nutzloses Zeug wegschaffen, den Energiefluss in Bewegung und dein «Haus in Ordnung bringen». Du wirst dich grossartig dabei fühlen, besonders wenn du währenddessen Affirmationen machst, wie etwa:

«Je mehr ich weggebe, desto mehr Raum schaffe ich für Neues, Gutes.»

«Ich liebe es, zu geben, und ich liebe es, zu empfangen.»

«Ich räume meine Wohnung auf und schaffe nutzlose Gegenstände fort. Gleichzeitig schaffe ich damit in allen Bereichen meines Lebens Ordnung und Klarheit.»

«Ich nehme mein Leben jetzt selbst in die Hand und bin bereit, alles Gute, was mir geschieht, anzunehmen.»

«Ich bedanke mich jetzt für alles Gute, was schon da ist und was noch kommen wird.»

Affirmationen schreiben

Die Technik, die ich hier beschreibe, hat rasche und tiefgreifende Veränderungen in vielen verschiedenen Bereichen meines Lebens bewirkt. Das Schreiben von Affirmationen und Klärungsübungen werden hierbei miteinander verknüpft. Ich liebe diese Technik, weil sie so einfach und leicht durchzuführen ist, aber trotzdem eine sehr tiefe Schicht anrührt.

Das Schreiben von Affirmationen ist eine Technik mit viel Dynamik, weil das geschriebene Wort unser Denken massgeblich beeinflusst. Wir schreiben *und* lesen die Affirmationen – das ist doppelte Energie.

Wähle eine Affirmation aus, mit der du gerne arbeiten möchtest, und schreib sie 10- oder 20mal hintereinander auf ein Blatt Papier. Setze jeweils deinen Namen ein, und schreib sie in der ersten, zweiten und dritten Person. (Ein Beispiel: Ich, Johannes, bin ein begabter Liedermacher. Johannes, du bist ein begabter Liedermacher. Johannes ist ein begabter Liedermacher.)

Schreib es nicht rein mechanisch auf; denke wirklich über den Sinn der Worte nach, die du aufschreibst. Achte darauf, ob du gegen das Geschriebene Widerstand spürst, daran zweifelst oder negativ darüber denkst. Stellst du so etwas auch nur andeutungsweise fest, drehst du das Blatt um und schreibst auf die Rückseite den negativen Gedanken, den Grund, warum die Affirmation angeblich nicht wahr sein kann, so nicht eintreffen kann oder was immer. (Beispiele: «Ich bin wirklich nicht gut genug.» «Ich bin zu alt.» «Das wird mir nicht gelingen.») Schreib jetzt die Affirmation auf der Vorderseite weiter.

Wirf einen Blick auf die Rückseite des Blattes, wenn du fertig bist. Bist du ehrlich gewesen, kann dir klar werden, was dich davon abhält, das zu haben, was du in diesem konkreten Fall möchtest.

Behalte das im Auge, und lass dir einige Affirmationen einfallen, mit deren Hilfe du diesen negativen Ängsten oder Glaubenssätzen entgegenwirken kannst. Schreib diese neuen Affirmationen auf. Vielleicht ist es auch sinnvoll, bei der ursprünglichen Affirmation zu bleiben. Oder du änderst sie leicht ab, um den Sachverhalt genauer zu treffen.

Mach in der nächsten Zeit, ein- oder zweimal täglich, diese schriftlichen Affirmationen. Erst wenn du spürst, dass dir deine negativen Programme bewusst geworden sind, kannst du dich darauf beschränken, nur noch die Affirmationen zu schreiben.

Meine Erfahrung mit dieser Technik ist folgende: in welcher Angelegenheit ich auch mit Affirmationen arbeite, das Gewünschte manifestiert sich oft innerhalb von ein paar Tagen oder schon nach einigen Stunden. Und auf diese Weise habe ich in der Regel viele wertvolle Einblicke in meine Programme bekommen.

Setz dir Ziele

Um zu bekommen, was du willst im Leben, musst du eine genaue Vorstellung davon haben, was du wirklich willst. Das ist möglicherweise der schwierigste Teil des ganzen Prozesses, sicherlich aber auch der wichtigste.

Ich kann nur sagen, in meinem Leben ist folgendes eine unumstössliche Wahrheit: Sobald ich eindeutig und fest die Absicht habe, etwas Bestimmtes zu verwirklichen, manifestiert es sich fast augenblicklich (oft innerhalb von Stunden oder Tagen, nachdem ich es für mich zum Ziel gemacht habe), ohne dass ich mich besonders anstrengen müsste. Es macht irgendwie «klick» in meinem Bewusstsein, wenn mir plötzlich ganz eindeutig klar wird, was ich will und dass ich es auch bekommen werde ... Normalerweise muss ich schon etwas Zeit und Energie für Übungen, Meditationen etc. aufwenden, um diesen Zustand von Klarheit zu erreichen. Und sehr oft sind diesem «klick» Gefühle von Verwirrung, Verzweiflung, Ausweglosigkeit usw. vorausgegangen, denen ich mich stellen musste. Es gab immer einen Weg, der mich hindurchführte. Sei also unbesorgt – am dunkelsten ist es tatsächlich kurz vor der Dämmerung.

Du kannst in deinem Leben eher erreichen, was du willst, wenn du dir Ziele setzt. Hilfreich finde ich es oft, einige Übungen schriftlich zu machen. Ich werde sie weiter unten vorstellen. Wichtig ist es, etliche Dinge im Auge zu behalten, sobald du daran gehst, dir Ziele zu setzen. Steckst du dir Ziele, heisst das beileibe *nicht*, dass du an diese Ziele gebunden bist. Du kannst sie ändern, sooft du willst und wann immer du meinst, es sei nötig.

Sich Ziele zu setzen heisst auch *nicht*, sie um jeden Preis verfolgen zu müssen. Es heisst ebenfalls nicht, dass du darauf versessen sein musst, sie zu erreichen. Ganz im Gegenteil, Ziele im Auge zu haben kann dir helfen, leichter, müheloser und angenehmer zu leben. Das Leben ist seinem Wesen nach Bewegung und Entstehung von Neuem. Ziele geben dir einen klaren Brennpunkt und eine klare Richtung, wohin deine natürliche schöpferische Energie fliessen soll. Sie begünstigen dein Fliessen und die Öffnung nach aussen, du bereicherst damit die Welt, was dir wiederum mehr Wohlbefinden und Befriedigung im Leben verschafft. Ziele helfen dir und unterstützen dich, deine wahre Bestimmung zu finden.

Ziele kann man festlegen in dem Bewusstsein, dass das Leben ein Spiel ist, das Freude macht und sich ungemein lohnen kann. Man sollte das Ganze nicht allzu schwer oder allzu ernst nehmen. Gleichzeitig musst du deinen Zielen allerdings genügend Gewicht und Bedeutung beimessen ... Du merkst vielleicht, dass allein das Auswählen der Ziele einigen emotionalen Widerstand in dir auslöst. Das kannst du sehr unterschiedlich erleben: vielleicht fühlst du dich deprimiert, mutlos oder überfordert bei dem Gedanken, dir Ziele zu setzen. Oder du spürst womöglich den Wunsch, dich durch Essen, Schlafen oder was immer abzulenken. Diese Gefühlsreaktionen (falls sie bei dir auftreten) liefern Anhaltspunkte dafür, wie du dir selbst den Weg zur Erfüllung deiner Wünsche versperrst. Es ist wichtig weiterzugehen, diese Gefühle und Reaktionen bewusst zu erleben und den angefangenen Prozess fortzuführen. Du wirst es nicht bereuen, wenn du dich darauf einlässt.

Erst dann wird dir diese Übung gefallen. Sie wird dich bereichern und dir Klarheit geben. Ausserdem macht sie Spass. Ich hoffe es jedenfalls!

Sieh zu, dass das Auswählen der Ziele nicht zu kompliziert oder zu bedeutungsschwer wird. Beginne mit einfachen, naheliegenden Dingen. Du weisst ja, dass du jederzeit im Laufe deiner Entwicklung die Ziele umändern oder durch neue ersetzen kannst.

ÜBUNGEN:

1. *Nimm Schreibstift und Papier zur Hand und schreib folgende Stichpunkte auf:*
Arbeit / beruflicher Erfolg.
Geld
Lebensstil / Besitz
Beziehungen
Schöpferischer Selbst-Ausdruck
Freizeit / Reisen
Persönliches Wachstum / Weiterbildung

Führe dir nun deine gegenwärtige Lebenssituation vor Augen und schreib unter jeden Stichpunkt, was du in nächster Zukunft gerne erreichen würdest, ändern oder verbessern möchtest. Überlege nicht zu krampfhaft, schreib einfach alles auf, was dir spontan in den Sinn kommt.

Diese Übung soll dich locker machen und dich zum Nachdenken bringen, was du in den verschiedenen Bereichen deines Lebens erreichen möchtest.

2. *Nimm ein anderes Blatt Papier und schreib oben drauf: «So sein, wie ich sein möchte, alles tun, was ich tun möchte, alles haben, was ich haben möchte – das ist meine Idealvorstellung.»*

Führe nun die gleichen sieben Stichpunkte auf, und schildere jeweils mit ein paar Sätzen (du kannst natürlich auch mehr schreiben!), welches Leben du gerne führen möchtest, soweit du klare Vorstellungen darüber hast.

Diese Übung lässt dich über deine gegenwärtigen Grenzen hinausgehen, sie macht dich offen für Neues. Lass deiner Phantasie freien Lauf und gönn dir wirklich alles, *was du möchtest.*

Bist du damit fertig, fügst du noch einen Punkt an – Weltlage / Umwelt. Schildere, wie du die Welt haben möchtest, *was du sofort ändern würdest, wenn es in deiner Macht stünde, die Dinge zu ändern – Weltfrieden, Beseitigung von Armut, die Menschen entwickeln ein Bewusstsein füreinander und für die Erde, Schulen sind inspirierende Stätten des Lernens, Krankenhäuser sind wahre Heilstätten usw. Zu diesem Stichpunkt kannst du dir beliebig viele einfallen lassen, und du wirst sehen, du hast alle möglichen interessanten Ideen, die dir früher nie eingefallen wären.*

Lies nun das Ganze noch einmal durch, und meditiere darüber einen Augenblick. Lass in deinem Innern das Bild von einem wunderbaren Leben in einer schönen Welt entstehen.

3. *Nimm noch einmal ein neues Blatt. Mach eine Liste mit den zehn oder zwölf wichtigsten Zielen in deinem Leben. Geh dabei von deiner Idealvorstellung aus, die du oben entworfen hast – greif das Wichtigste heraus. Formuliere deine Ziele so,* wie sie jetzt im Augenblick sind. *Du kannst sie ja jederzeit durch neue ersetzen oder abändern.*

4. *Jetzt schreib auf: «Meine Fünf-Jahres-Ziele» und führe die wichtigsten Ziele auf, die du innerhalb der nächsten fünf Jahre gerne erreichen möchtest.*

Es ist gut, seine Ziele wie Affirmationen zu formulieren, so als ob sie schon verwirklicht wären. So wird das Ganze noch deutlicher und wirkungsvoller. Zum Beispiel:

Ich besitze nun ein 20 Morgen grosses Grundstück auf dem Land, mit einem hübschen Haus, einem Obstgarten, einem Bach und vielen Tieren.

Es gibt mir sehr viel, und es fällt mir leicht, meine eigenen Lieder für ein begeistertes und dankbares Publikum zu singen und zu spielen.

Schreib nur Ziele auf, die für dich wichtig und real sind, Dinge, die du wirklich möchtest, *nichts,* wo du nur meinst, du *solltest sie eigentlich mögen.* Du brauchst niemandem deine Ziele zu verraten, nur wenn du willst. Bei dieser Übung musst du ganz ehrlich zu dir selbst sein.

5. *Verfahre genauso bei deinen Ein-Jahres-Zielen. Stell nicht zu viele auf; streiche alle ausser den fünf oder sechs wichtigsten, wenn du zu viele zusammengetragen hast. Vergewissere dich, dass sie eine ähnliche Ausrichtung wie deine Fünf-Jahres-Ziele haben. Achte also darauf, dass sie in die gleiche allgemeine Richtung gehen. Auf diese Weise kommst du auch deinen Fünf-Jahres-Zielen einen Schritt näher. Hast du zum Beispiel das Fünf-Jahres-Ziel, ein eigenes Geschäft zu besitzen, könnte für dich ein Ein-Jahres-Ziel sein, dafür zu sparen oder in einem ähnlichen Geschäftszweig zu arbeiten, wo du einschlägige Erfahrungen sammeln kannst.*

Schreib nun deine Ziele für die nächsten sechs Monate auf, für den kommenden Monat und die nächste Woche (jeweils von heute an gerechnet). Bleib bei einfachen Zielen, und wähle drei oder vier davon aus, die dir am wichtigsten sind. Schätze realistisch ein, wieviel kurzfristige Ziele du innerhalb der festgesetzten Zeit erreichen kannst.

Achte wieder darauf, dass sie in dieselbe Richtung wie deine langfristigen Ziele gehen.

Vielleicht hast du Schwierigkeiten, dich so eingehend mit Ereignissen zu beschäftigen, die noch weit in der Zukunft liegen, und du fühlst dich nicht wohl dabei, dein Leben vorauszuplanen. Einen Plan zu machen verpflichtet aber noch zu nichts; in Wirklichkeit kommst du nicht umhin, deine Pläne immer wieder erheblich zu ändern. Zweck dieser Übung ist:

a) Übung darin zu bekommen, sich Ziele zu setzen
b) die Möglichkeit in Betracht zu ziehen, dass einige deiner Wunschträume Wirklichkeit werden *können*, wenn du wirklich willst
c) eine Beziehung bekommen zu einigen wichtigen Zielen und Entwicklungstendenzen in deinem Leben.

Ich schlage vor, du hältst deine Ziele im Notizbuch fest. Von Zeit zu Zeit nimmst du dein Notizbuch zur Hand und machst noch einmal einige Übungen. Wenn nötig, überprüfst du deine Ziele und formulierst sie neu. Denke daran, auf deinen Arbeitsblättern jedesmal das Datum zu vermerken. Lege sie chronologisch in dein Notizbuch, denn es ist sehr interessant und informativ, rückblickend zu erkennen, wie sich Ziele allmählich ändern.

EINIGE ALLGEMEINE HINWEISE:

1. Bleibe bei kurzfristigen Zielen (eine Woche, einen Monat) ganz einfach und realistisch – wähle etwas aus, das du ziemlich sicher erreichen kannst, ausser du hast besondere Lust, eine grosse Herausforderung anzunehmen (was manchmal auch sehr gut sein kann). Je langfristiger dein Ziel ist, desto umfassender und phantasievoller kann es sein. So erweitert sich dein Horizont ständig.

2. Übe nicht Selbstkritik, und sieh dich nicht als Versager, wenn du feststellst, dass du einige deiner Ziel nicht erreicht hast, und werde dir klar darüber, ob sie für dich noch Ziele sind; entscheide also, ob du sie noch einmal als deine Ziele festlegen oder fallenlassen willst. Es ist *ungemein* wichtig, dir auf diese Weise bewusst zu machen, welche Ziele du nicht erreicht hast. Andernfalls setzen sie sich irgendwo in deinen Gedanken fest, und du fühlst dich unterschwellig als «Versager». In Zukunft vermeidest du es dann vielleicht, dir Ziele zu setzen.

3. Lobe dich auf jeden Fall für ein *erreichtes Ziel,* auch wenn es nur ein kleines Ziel ist. Gratuliere dir, und geniesse zumindest einen Augenblick deine Befriedigung darüber. Allzuoft verwirklichen wir unsere Ziele und bemerken es nicht einmal oder vergessen, uns darüber zu freuen!

4. Übernimm dich nicht. Setz dir Ziele, bei denen du ein gutes Gefühl hast. Fühlst du dich überfordert, verwirrt oder entmutigt . . . nimm einfachere. Vielleicht willst du nur an Zielen aus einem Lebensbereich arbeiten (Arbeit, Beziehungen). Diese Übung soll dir letzten Endes helfen, das Leben mehr zu geniessen.

Erreichst du gesetzte Ziele nicht, sind sie wahrscheinlich entweder unrealistisch hoch angesetzt, oder du hast diese Ziele in Wahrheit nicht und strebst sie deshalb innerlich gar nicht an. Wähle Ziele, die deinen innersten Wünschen entsprechen.

Deine Ziele sollten dir ein *gutes* Gefühl geben – dich aufbauen, öffnen, herausfordern, sie sollten dir Spass machen. Finde neue, wenn es nicht so ist!

Idealvorstellungen

Kreatives Visualisieren kann verschiedene Formen annehmen: geistige Bilder, gesprochenes Wort (Affirmationen), geschriebenes Wort, Zeichnungen oder Bilder (Schatzkarte). Je klarer deine Idealvorstellungen sind, um so leichter hast du mit kreativem Visualisieren Erfolg.

Schreiben hilft dir, deine Vorstellungen zu verdeutlichen. Im Laufe dieser Übung wird dir innerlich klar, was du wirklich willst, und du wirst es leichter verwirklichen können. Ich wende sie für alle Ziele an, die mir wichtig sind.

ÜBUNG:

Denke an ein Ziel, das dir wichtig ist. Es kann ein langfristiges oder kurzfristiges sein.

Fass das Ziel in einem Satz so klar wie möglich zusammen, und schreib ihn auf.

Schreib darunter «Meine Idealvorstellung». *Schildere sie möglichst genau in der Gegenwartsform, als ob alles schon Wirklichkeit wäre, in so vielen Einzelheiten, wie du willst.*

Schreib anschliessend ganz unten hin:

«Dies oder etwas Besseres manifestiert sich jetzt für mich auf eine völlig befriedigende Weise»,

füge noch weitere Affirmationen hinzu, wenn du magst, und setz deine Unterschrift darunter.

Setz dich nun ruhig hin, entspanne dich, visualisiere deine Idealvorstellung, geh dabei in einen meditativen Zustand, und mach deine Affirmationen.

Halte deine Idealvorstellung im Notizbuch fest, bring sie im Schreibtisch unter. Leg sie neben das Bett oder hänge sie an die Wand. Lies sie oft durch, und verändere sie, wenn nötig. Besinne dich während deiner Meditationsübungen auf sie.

Eine Warnung ... legst du sie in eine Schublade und denkst nicht mehr daran, wirst du höchstwahrscheinlich eines Tages feststellen, dass sie sich manifestiert hat ... ohne dass du bewusst Energie aufgewendet hast.

Ich habe oft meine alten Ziele, Idealvorstellungen und Schatzkarten durchgesehen und überrascht entdeckt, dass Dinge, die ich total vergessen hatte, auf wunderbare Weise in meinem Leben Wirklichkeit geworden sind, fast genauso, wie ich es mir ursprünglich vorgestellt hatte.

Schatzkarten

Das Anfertigen einer «Schatzkarte» ist eine sehr wirkungsvolle Technik, und es macht Spass.

Eine Schatzkarte ist ein reales, konkretes Bild einer Wirklichkeit, die ganz deinen Wünschen entspricht. Sie leistet gute Dienste, weil sie ein besonders klares, scharfes Bild zeichnet, das Energie anzieht und auf dein Ziel konzentriert. Sie ist zu vergleichen mit einem Bauplan, den ein Architekt entwirft.

Eine Schatzkarte kann gezeichnet, gemalt oder als Collage gemacht werden. Die dazu nötigen Bilder und Texte kannst du aus Zeitschriften, Büchern, Karten, Photos, Aufdrucken, Zeichnungen usw. ausschneiden. Keine Angst, wenn du künstlerisch nicht perfekt bist. Einfache, kindliche Schatzkarten haben dieselbe Wirkung wie grosse Kunstwerke!

Grundsätzlich sollte eine Schatzkarte aufzeigen, wie du «in deiner Idealvorstellung» bist und dein Ziel ganz verwirklichst.

Hier sind ein paar Hinweise, wie du Schatzkarten anfertigen kannst, damit sie die grösste Wirkung haben:

1. Eine Schatzkarte sollte nur ein einziges Ziel oder einen einzigen Bereich deines Lebens zum Thema haben. So kannst du auf alle wesentlichen Aspekte eingehen, und sie bleibt dennoch überschaubar. Du kannst dich natürlich intensiver und leichter auf ein Ziel konzentrieren als auf mehrere. Vielleicht legst du eine Schatzkarte für deine Beziehungen, eine für deine Arbeit, eine für dein spirituelles Wachstum usw. an.

2. Deine Schatzkarte kann jede beliebige Grösse haben. Eine Möglichkeit ist, sie ins Notizbuch zu legen, an die Wand zu hängen oder in der Tasche/Geldbörse mit sich zu führen. Ich verwende gewöhnlich für meine Schatzkarten leichtes Kartonpapier, das länger hält als einfaches Papier.

3. Du selbst darfst natürlich im Bild nicht fehlen. Nimm ein Photo von dir. Das wirkt sehr realistisch. Du kannst dich aber auch selbst zeichnen. Zeig dich, wie du ein ersehntes Ziel bist, tust oder hast – du machst eine Weltreise, bist neu eingekleidet oder stolze Autorin deines neuen Buches etc.

4. Stell immer eine ideale und abgeschlossene Situation dar, so, als ob sie bereits existieren würde. Du brauchst nicht anzugeben, *wie* es dazu kommen wird. Hier ist das Endergebnis zu sehen. Verzichte auf Negatives oder Unerwünschtes.

5. Gestalte deine Schatzkarten immer sehr farbenprächtig. Das verstärkt die Wirkung auf dein Bewusstsein.

6. Zeig dich in einer realen Situation, die für dich glaubwürdig ist.

7. Ein Unendlichkeitssymbol, das dir Sinn und Kraft gibt, sollte nicht fehlen. Es könnte ein Zeichen für «om», ein Kreuz, Christus, ein Buddha, eine strahlende Sonne oder etwas sein, das die universale Intelligenz oder Gott repräsen-

tiert. Dies ist ein Ausdruck des Dankes und der Erinnerung, dass die unendliche Quelle Ursprung für alles ist.

8. Schreib jeweils passende Affirmationen auf deine Schatzkarten. *«Hier fahre ich gerade mit meinem neuen Camping-Bus. Er gefällt mir sehr, und ich habe genug Geld, um ihn zu unterhalten.»*

Vergiss auch die kosmische Affirmation nicht: *Dies oder etwas Besseres manifestiert sich nun für mich und alle Beteiligten auf völlig befriedigende und harmonische Weise.»*

Eine Schatzkarte anzufertigen bringt dich deinem Ziel einen grossen Schritt näher. Nimm dir täglich ein paar Minuten Zeit und betrachte sie in Ruhe. Denke von Zeit zu Zeit daran. Mehr ist nicht nötig.

EINIGE VORSCHLÄGE ZUR GESTALTUNG DER SCHATZKARTEN

Nun zur Anregung deiner Phantasie ein paar Ideen, wie Schatzkarten aussehen können:

GESUNDHEIT: Stell dich völlig gesund, aktiv, strahlend schön und bei Aktivitäten dar, die deine blühende Gesundheit unter Beweis stellen.

Gewicht oder körperliche Verfassung: Bilde dich mit einem Körper ab, der deinem Ideal entspricht (schneide aus einer Zeitschrift ein Bild mit deinem Idealkörper aus, und klebe ein Portrait-Photo auf diesen Körper!).

Fühl dich gut dabei! Du kannst wie in Comics Sprechblasen einzeichnen und hineinschreiben, wie du dich fühlst, zum Beispiel: *«Mit meinen 125 Pfund fühle ich mich blendend und sehe phantastisch aus. Ich bin in ausgezeichneter körperlicher Verfassung.»*

SELBST-BILD UND SCHÖNHEIT: Zeig dich, wie du gerne sein möchtest ... schön, entspannt, lebenslustig, herzlich und liebevoll. Wähle Begriffe und Symbole, die deiner Meinung nach für diese Eigenschaften stehen. Beziehungen: Klebe auf deine Schatzkarte Photos von dir selbst und deinem Freund/deiner Freundin, deinem Liebhaber/deiner Liebhaberin, Mann, Frau oder Kind mit Bildern, Symbolen und Affirmationen, die deutlich machen, dass du glücklich, liebevoll, offen bist, eine tiefe, wunderbare sexuelle Beziehung hast und sie geniesst usw.

Wähle Bilder und Begriffe, die zum Ausdruck bringen, welche Eigenschaften du bei einem/einer neuen Partner/-in und in einer neuen Beziehung finden möchtest, vorausgesetzt, du bist auf der Suche nach einer neuen Beziehung; zeig dich mit deinem idealen Partner/deiner idealen Partnerin.

ARBEIT ODER BERUFLICHER ERFOLG: Du machst das, was du wirklich machen willst, mit interessanten, angenehmen Mitarbeitern. Du verdienst eine Menge Geld (lege genau fest, wieviel), an dem Ort, wo du sein möchtest und andere wichtige Einzelheiten.

KREATIVITÄT: Verwende als Zeichen deiner wachsenden Kreativität Symbole, Farben und Bilder, die andeuten, dass du wirklich kreativer wirst. Du machst und verwirklichst kreative, schöne, interessante Dinge und fühlst dich grossartig dabei.

FAMILIE UND FREUNDE: Deine Familienangehörigen oder Freundinnen/Freunde verstehen sich ausgezeichnet, und ihr habt alle eine völlig harmonische, liebevolle Beziehung zueinander.

REISEN: Du bist, wo du gerne sein möchtest, mit viel Zeit und Geld, um es geniessen zu können.

Gesundheit und Schönheit

Es gibt viele Möglichkeiten, kreatives Visualisieren zu nutzen, um gesund, körperlich fit und schön zu bleiben und noch gesünder, leistungsfähiger und schöner zu werden. Unsere inneren Einstellungen bestimmen, wie gesund und attraktiv wir sind. Somit kann es sich auf den Körper spürbar auswirken, wenn wir unsere Glaubenssätze und die Art ändern, wie wir mit uns selbst und der Welt umgehen.

Ich habe schon erwähnt, wie nützlich gerade in diesem Bereich die Schatzkarten sind. Hier sind ein paar andere Techniken, die ich gerne anwende. Ich bin mir sicher, du findest selbst noch viel mehr.

KÖRPERLICHES TRAINING

Egal, welche Art Körpertraining du machst, mit Hilfe von kreativem Visualisieren und Affirmationen kannst du grössten Nutzen daraus ziehen und sehr viel Spass daran haben. Visualisiere während deines Trainings, beim Meditieren oder Entspannen.

Angenommen, du läufst gerne. Stell dir vor, wie du sehr

schnell, geschmeidig und leicht läufst. Denke dir beim Laufen, dass du mit jedem Schritt einen riesigen Sprung machst und mühelos eine beträchtliche Strecke zurücklegst. Du fliegst geradezu. Bekräftige in Entspannungsphasen (mach Affirmationen), dass du täglich schneller, stärker wirst und eine bessere Figur bekommst. Mal dir aus, wie du Rennen gewinnst, falls du dieses Ziel hast.

Für den Fall, dass du Tanz- oder Yogaübungen machst: Geh während der Übungen mit deinem Bewusstsein in deinen Körper, in deine Muskeln, stell dir vor, wie sie sich strecken und entspannen, sieh, wie du immer gelenkiger und geschmeidiger wirst.

Nutz kreatives Visualisieren, um deine Leistungen in deiner Lieblingssportart zu steigern; stell dir vor, wie du immer besser und besser wirst, bis du wirklich ein überragender Sportler bist.

SCHÖNHEITSPFLEGE

Tu deinem Körper regelmässig etwas Gutes, und entdecke deine Liebe für dich selbst. Durch kreatives Visualisieren kann die tägliche Körperpflege zu einem Ritual der Schönheitspflege werden.

Ein Beispiel: Nimm ein heisses Bad oder dusch dich und visualisiere, dass dich das heisse Wasser völlig entspannt, beruhigt und heilt. Sieh, wie alle Probleme dahinschmelzen oder weggewaschen werden und nichts übrigbleibt ausser deiner natürlichen Ausstrahlung, die von innen heraus kommt.

Creme Gesicht und Körper mit einer Lotion oder Öl ein. Mach es mit viel Liebe, und sag dir als Affirmation, dass deine Haut immer weicher und schöner wird. Sei ganz bei der Sache, wenn du deine Haare wäschst. Bestätige dir mit Affirmationen, dass dein Haar dicker, glänzender und gesünder als je zuvor ist. Sag dir innerlich beim Zähneputzen, dass deine Zähne fest, gesund und schön sind.

ESSEN ALS RITUAL

Viele Menschen haben eine negative Einstellung zum Essen. Wir haben Angst, dass uns das, was wir essen, dick oder krank macht oder ungesund sein könnte. Und dennoch haben wir die Neigung, wie unter Zwang immer wieder genau das zu essen, was uns tatsächlich dick oder krank macht. Dies löst in uns Stress und Konflikte aus, und das Endergebnis heisst – Übergewicht und Krankheit, was wir ja gerade vermeiden wollten.

Auch sind viele Menschen beim Essen sehr unbewusst. Wir sind so damit beschäftigt, über alles mögliche zu reden und an andere Dinge zu denken, dass wir gar nicht mehr den köstlichen Wohlgeschmack und Nährwert unserer Nahrung wahrnehmen.

Essen ist in der Tat ein magisches Ritual, ein erstaunlicher Vorgang: Verschiedene Energieformen aus dem Universum werden in Energie umgewandelt, die unseren Körper aufbaut. Was immer wir beim Essen denken und fühlen, es gehört zu diesem magischen Umwandlungsprozess.

Hier ist ein Ritual, das du, wenn möglich, wenigstens einmal am Tag durchführen solltest. Es spielt keine Rolle, was du isst:

Setz dich. Das Essen ist vor dir. Schliess für einen Moment die Augen, entspanne dich und mach einen tiefen Atemzug. Bedanke dich in Gedanken für dieses Essen beim Universum, und dank all denen, die mitgeholfen haben, dass es jetzt auf dem Tisch steht: den Pflanzen und Tieren, den Menschen, die es angepflanzt, gezüchtet, gepflegt und für dich zubereitet haben.

Mach die Augen auf und betrachte das Essen; schau wirklich genau hin, wie es aussieht. Achte darauf, wie es riecht. Fang langsam zu essen an; nimm den Geschmack wirklich voll in dich auf. Geniesse es. Während du isst, sagst du still in Gedanken, dass dieses Essen in Lebensenergie umgewandelt wird, zu deinem Nutzen. Sag dir, dass dein Körper alles aufnimmt, was er braucht und mühelos alles ausscheidet, was er nicht braucht. Stell dir vor, dass dich dieses Essen gesünder und schöner macht, ungeachtet dessen, wie deine Meinung dazu bisher war.

Iss nach Möglichkeit langsam, und verweile nach dem Essen noch ein zwei Augenblicke, um die angenehme Wärme zu ge-

niessen, die von deinem Magen ausgeht, wenn er wunschlos glücklich ist.

Stimm dich öfter so auf das Essen ein, und du wirst mit Sicherheit schöner und gesünder.

Hier ist ein anderes Ritual, das noch einfacher ist:

Giess dir kühles Wasser in ein grosses Glas ein, vor dem Schlafengehen, wenn du aufstehst oder irgendwann im Laufe des Tages. Setz dich, entspanne dich und trink es langsam. Sag dir beim Trinken, dass dieses Wasser das Lebenselixier und ein Jungbrunnen ist. Stell dir vor, wie es alle Unreinheiten wegwäscht und dir Energie, Lebensfreude, Schönheit und Gesundheit schenkt.

Abschliessend einige gute Affirmationen zum Thema Gesundheit und Schönheit:

Ich werde mit jedem Tag schöner und strotze nur so vor Gesundheit.
Alles, was ich tue, macht mich gesünder und schöner.
Alles, was ich esse, macht mich gesünder, schöner, schlanker und attraktiver.
Ich bin gut zu meinem Körper, und mein Körper ist gut zu mir.
Ich bin nun schlank, kräftig und in Höchstform, ganz egal, was ich mache.
Ich werde jeden Tag kräftiger und dynamischer.
Ich habe jetzt nur noch Lust auf Speisen, die mir guttun.
Je mehr ich mich liebe und schätze, um so schöner werde ich.
Ich bin nun für Männer (oder Frauen) unwiderstehlich.

Kreatives Visualisieren in Gruppen

Fast alle Techniken, die ich in diesem Buch vorgestellt habe, können etwas abgewandelt ohne weiteres auch in Gruppen angewandt werden. Kreatives Visualisieren eignet sich besonders gut für Gruppenarbeit, weil eine Gruppe mehr Energie hat als ein einzelner. Es besteht die Tendenz, dass sich die Gruppenmitglieder mit ihrer Energie gegenseitig unterstützen. Das Ganze ist dann mehr als die Summe seiner Teile.

Es spielt keine Rolle, um welche Gruppe es sich handelt, ob es nun deine Familie oder eine Gruppe von Freunden, eine Arbeitsgruppe, eine gesellschaftlich Gruppe, eine kirchliche oder spirituelle Gruppe, eine Fortbildungsgruppe oder Klasse ist, kreatives Visualisieren gibt euch effektive Hilfsmittel an die Hand, um eure Gruppenziele zu erreichen oder euch tiefer aufeinander einzulassen.

Hier sind noch ein paar weitere gute Möglichkeiten, wie ihr kreatives Visualisieren in einer Gruppe individuell anwenden könnt:

SINGEN UND CHANTEN (Sprechgesang). Wählt Lieder oder Sprechgesänge aus, die ein Gefühl, eine Idee oder eine Haltung ausdrücken, die ihr in euch selbst und auf der ganzen Welt entstehen lassen oder fördern wollt. Musik eignet sich hervorragend dazu, etwas zu verändern.

MEDITIEREN UND SICH BILDLICH ETWAS VORSTELLEN. Wählt ein Ziel oder Bild aus. Alle sitzen in stiller Meditation, visualisieren es und machen gemeinsam Affirmationen dazu. Ihr werdet wahrscheinlich über die Ergebnisse staunen.

SCHATZKARTEN ANFERTIGEN. Jedes Gruppenmitglied fertigt seine eigene Schatzkarte an, die ein Ziel der ganzen Gruppe zum Thema hat. Oder die Gruppe entwirft gemeinsam eine Schatzkarte. Oder ihr könnt sogar ein paar Leute beauftragen, eine Schatzkarte zu machen!

AFFIRMATIONEN. Gebt euch gegenseitig in einer Partnerübung Affirmationen, wie ich es im Kapitel «Affirmationen können auf verschiedene Art gemacht werden» beschrieben habe. Oder die ganze Gruppe spricht gemeinsam laut Affirmationen.

HEILEN. In Gruppen zu heilen ist eine wunderbare Erfahrung. Vergleiche das Kapitel «Heilmeditationen»!

Kreatives Visualisieren in Beziehungen

Kreatives Visualisieren ist u. a. vorzüglich dafür geeignet, unsere Beziehungen zu verbessern. Wir sind als menschliche Wesen auf vielen Ebenen so sensibel füreinander; deshalb sind wir auch besonders dafür empfänglich und spüren intuitiv, wie wir uns gegenseitig einschätzen. Die Qualität dieser Gedanken und die zugrundeliegenden Einstellungen, die sie widerspiegeln, prägen entscheidend unsere Beziehungen und bestimmen, ob sie glücklich sind oder nicht.

In einer Beziehung, wie sonst auch, bekommen wir genau das, woran wir glauben, was wir erwarten und aus tiefstem Herzen «erbitten». Die Menschen, mit denen wir eine Beziehung haben, sind immer ein Spiegel, in dem wir unsere Glaubenssätze sehen können, und gleichzeitig sind wir für sie ein Spiegel, der ihnen ihre Glaubenssätze zeigt. Deshalb haben wir in einer Beziehung sehr viele Chancen, zu wachsen; wenn wir unsere Beziehungen ehrlich anschauen, können wir klar erkennen, dass sie unsere ureigensten Produkte sind.

Übernimm voll und ganz die Verantwortung für deine Beziehungen. Geh einmal für einen Moment davon aus, dass nur du allein dafür verantwortlich bist, auch wenn du meinst, deine Partner/-innen seien für gewisse Dinge verantwortlich. Erlebst du in der Beziehung etwas als unbefriedigend, frag dich selbst, warum und wie du die Situation so geschaffen hast, wie sie ist. Versuche, deine tiefsitzenden Glaubenssätze aufzuspüren, die dafür verantwortlich sind, dass du keine befriedigende, glückliche, liebevolle Beziehung hast. Was ist der Lohn dafür, dass du unglücklich bleiben willst und auch noch selbst daran schuld bist? (Es gibt immer eine Belohnung für das, was wir tun; sonst würden wir es sicher nicht tun.)

Dein *sehnlichster Wunsch* ist, rundum befriedigende, glückliche Beziehungen in deinem Leben zu haben, du *glaubst* daran, dass du sie haben kannst, und du bist bereit, das Glück und die Befriedigung solcher Beziehungen *anzunehmen* – dann kannst du und wirst du auch Beziehungen haben, in denen du dich wohl fühlst.

Hier ein paar Tips, wie du deine Beziehungen verbessern kannst:

1. Mach dir klar, welche Ziele du in der Beziehung hast. Was erhoffst du dir? Was erwartest du? Ziehe alle Ebenen in Betracht – körperlich, emotional, geistig und spirituell. Skizziere deine Idealvorstellung oder fertige eine Schatzkarte an, die zum Ausdruck bringt, wie deine Idealbeziehung aussehen soll.

2. Schau gründlich und ehrlich hin, welche Glaubenssätze und Einstellungen dich daran hindern, deine Wünsche zu verwirklichen. Du kannst eine Klärungsübung machen, um leichter an Einstellungen, die dich einschränken, heranzukommen, etwa so: «Ich kann keine ideale Beziehung mit ______ haben, weil ...» oder «Ich kann in dieser Beziehung nicht bekommen, was ich möchte, weil ...» Schreib alles auf, was dir spontan dazu einfällt.

3. Verändere mit Hilfe von Affirmationen und bildlicher Vorstellung deine negativen Glaubenssätze, und fang an, schöne, liebevolle, befriedigende Beziehungen zu visualisieren und zu erschaffen.

4. Die Technik, sich gegenseitig in einer Partnerübung Affirmationen zu sagen, trägt oft dazu bei, Beziehungen deutlich zu verbessern. Natürlich ist es sehr wichtig, dass ihr euch eure wahren Gefühle sagt, was ihr mögt und was nicht und welche Wünsche ihr habt. Aber versucht euch auf folgendes zu einigen: *Bestätigt* euch gegenseitig *mit Affirmationen*, dass euer persönliches Wachstum und eure Entwicklung gute Fortschritte macht und ihr euch positiv verändert, anstatt ständig über die Fehler und Schwächen des Partners/der Partnerin zu klagen. Vielleicht sagst du zu Georg bei passender Gelegenheit lieber: «Ich finde es gut, dass du immer besser zuhören kannst.» – und nicht: «Georg, warum unterbrichst du mich immer, wenn ich etwas sage?» Auf diese Art erinnerst du nicht nur Georg freundlich daran, besser zuzuhören, sondern änderst allmählich auch das Bild, das du von Georg hast, und das Bild, das Georg von sich selbst hat.

Das Potential zur Vervollkommnung ist, wie du weisst, in jeder Beziehung, wie es auch in jedem Individuum ist. Es ist schon alles da, wir müssen nur das ganze «Gerümpel» wegräumen, das wir oben draufgeschüttet haben.

Allzuoft ist es in unseren Beziehungen so, dass wir uns gegenseitig im Laufe der Zeit bestimmte Rollen zuweisen und ein bestimmtes Bild voneinander haben. Wir haben uns festgefahren und merken, wie schwer es ist, davon wieder loszukommen. Es ist, als ob wir uns selbst und andere in eine Schachtel mit bestimmten Etiketten steckten. Wir erleben das als sehr einschränkend und einengend, wissen aber oft nicht, wie wir wieder herausspringen können.

Durch kreatives Visualisieren sind wir in der Lage, aus unseren Rollen und Klischees herauszuschlüpfen. Fang an, neue Bilder von dir und anderen zu visualisieren und dazu passende Affirmationen zu machen; sieh das Potential zu positiver Veränderung in jedem Menschen und in jeder Situation, unterstütze eine solche Veränderung mit kreativem Visualisieren.

T E I L 5

Kreativ leben

Eine Manifestation ist erst dann gelungen,
wenn sie das Bewusstsein verändert oder erweitert;
das heisst, durch sie hat sich Gott geoffenbart,
oder er zeigt sich deutlicher,
so wie sie auch eine Form erschafft . . .
David Spangler
in *Manifestation*

Kreatives Bewusstsein

Kreatives Visualisieren ist nicht nur eine Methode, sondern letztlich ein Bewusstseinszustand. In diesem Bewusstsein begreifen wir, dass wir selbst unsere Welt dauernd so erschaffen, wie sie ist, und jeden Augenblick dafür Verantwortung übernehmen.

Wir sind nicht von Gott getrennt; wir sind die göttliche Ausdrucksform des schöpferischen Prinzips auf dieser Existenzebene. Es kann gar keinen echten Mangel oder echte Not geben; wir brauchen uns nicht anzustrengen, um etwas zu erreichen oder zu bekommen; wir haben alles schon in uns – es wartet darauf, entdeckt zu werden.

Manifestation durch kreatives Visualisieren ist ein Prozess, der unser göttliches Potential auf der körperlichen Ebene verwirklicht und sichtbar macht.

Unsere wahre Bestimmung

Ein menschliches Grundbedürfnis ist, der Welt und unseren Mitmenschen Gutes zu tun, wie wir auch unser eigenes Leben bereichern und geniessen wollen. Wir alle können der Welt und einander eine Menge geben, jeder auf seine ganz besondere und einmalige Art. Unser persönliches Wohlbefinden hängt in ganz hohem Masse davon ab, wie intensiv wir das tun.

Jeder von uns hat einen wichtigen Beitrag in diesem Leben zu leisten. Das können viele Dinge oder etwas ganz Einfaches sein. Ich nenne diesen Beitrag «unsere wahre Bestimmung»: Du bist dabei ganz du selbst, ohne Abstriche, vollkommen natürlich und alles, was du machst – ob nun viel oder wenig –, machst du wirklich gerne und hast keine Mühe damit.

In unserem Herzen wissen wir alle, was unsere wahre Bestimmung ist, wollen dies aber oft nicht einmal uns selbst gegenüber eingestehen. Tatsache ist, dass die meisten Menschen scheinbar alles daransetzen, ihre wahre Bestimmung vor sich selbst und der Welt verborgen zu halten. Es gibt Kraft, Klarheit, und es schafft

Verantwortung, sich zu seiner wahren Bestimmung im Leben zu bekennen und sie zu erfüllen – davor haben sie Angst und versuchen, dies zu vermeiden.

Durch kreatives Visualisieren stimmst du dich immer mehr auf deine wahre Bestimmung ein, und sie wird dir immer bewusster. Achte auf Elemente, die häufig in deinen Träumen, Zielen und Phantasien auftauchen, vielleicht fällt dir so etwas wie ein «roter Faden» in deinem Leben auf. Das sind wichtige Schlüssel, um den tieferen Sinn und Zweck deines Lebens zu erkennen.

Du wirst folgende Erfahrung des kreativen Visualisierens machen: Je mehr du dich deiner wahren Bestimmung annäherst, um so grösser wird die Fähigkeit, etwas zu manifestieren. Wenn du etwas zu manifestieren versuchst und es scheint dir nicht zu gelingen, entspricht es deiner wahren Bestimmung nicht. Hab Geduld und hör auf deine innere Stimme. Im nachhinein wirst du sehen, dass alles gut war und ist.

Gegenwärtig finden auf unserem Planeten grosse Umwandlungen statt. Wir alle tragen unseren Teil dazu bei – durch die Bereitschaft, unser wahres, grossartiges Selbst zu sein.

Dein Leben ist dein Kunstwerk

Ich sehe mich gerne als Künstlerin, und mein Leben ist mein grösstes Kunstwerk. Jeder Augenblick ist ein Augenblick der Schöpfung, der unendlich viele Möglichkeiten in sich birgt. Ich kann etwas so machen, wie ich es immer schon gemacht habe, oder ich kann mir all die verschiedenen Alternativen dazu ansehen und etwas Neues, anderes und möglicherweise Lohnenderes versuchen. Jeder Augenblick bringt eine neue Gelegenheit, und du kannst dich immer wieder neu entscheiden.

Welch wunderbares Spiel wir doch alle spielen, und welch grossartige Kunstform …

Management, Büro & Business

Kenneth Blanchard / John P. Carlos / Alan Rudolph
Management durch Empowerment *Das neue Führungskonzept: Mitarbeiter bringen mehr, wenn sie mehr dürfen*
128 Seiten. Gebunden

Kenneth Blanchard / William Oncken / Hal Burrows
Der Minuten-Manager und der Klammer-Affe *Wie man lernt, sich nicht zuviel aufzuhalsen*
128 Seiten. Gebunden

Kenneth Blanchard / Spencer Johnson
Der Minuten-Manager
128 Seiten. Gebunden

Kenneth Blanchard / Sheldon Bowles
Wie man Kunden begeistert *Der Dienst am Kunden als A und O des Erfolges*
128 Seiten. Gebunden

Spencer Johnson
Eine Minute für mich
128 Seiten. Gebunden

Kenneth Blanchard / Patricia und Drea Zigarmi
Der Minuten-Manager: Führungsstile *Wirkungsvolles Management durch situationsbezogene Menschenführung*
(rororo sachbuch 19934)

René Bosewitz / Robert Kleinschroth
Manage in English *Business English rund um die Firma*
(rororo sprachen 60137)
Better than the Boss *Business English fürs Büro*
(rororo sprachen 60138)

rororo sachbuch

Sell Like Hell *Business English für Verkaufsgespräche*
(rororo sprachen 60722 / Buch mit Audio-CD 60723 / Toncassette 60724)
Master Your Business Phrases *Sprachmodule für den Geschäftsalltag*
(rororo sachbuch 60725)
Get Through at Meetings *Business English für Konferenzen und Präsentationen*
(rororo sprachen 60262 / Buch mit Audio-CD 60265 / Toncassette 60266)
Let's go International *Business English rund um die Welt*
(rororo sprachen 60267 / Buch mit Audio-CD 60504 / Toncassette 60505)

Bryan Hemming
Business English from A to Z *Wörter und Wendungen für alle Situationen*
(rororo sprachen 60269)

Weitere Informationen in der **Rowohlt Revue**, kostenlos im Buchhandel, oder im **Internet: www.rowohlt.de**

3610/4

Fit für den Job

Fähigkeiten aktivieren, Strategien verfolgen, Lösungen finden: mit den hilfreichen Ratgebern für den Berufsalltag von *rororo*.

Klaus Pawlowski / Hans Riebensahm
Konstruktiv Gespräche führen
Fähigkeiten aktivieren, Ziele verfolgen, Lösungen finden
(rororo sachbuch 60396)
Das Leben wird angenehmer und die Arbeit erfolgreicher, wenn wir in Gesprächen den richtigen Ton treffen, Botschaften zu verstehen wissen, angemessen darauf reagieren können und faire Lösungen in Sach- und Beziehungsfragen finden. Dieser Ratgeber zeigt, wie wir unsere Fähigkeiten zum Gespräch entwickeln können.

Rotraut und Walter U. Michelmann
Effizient und schneller lesen
Mehr Know-how für Zeit- und Informationsgewinn
(rororo sachbuch 60330)

Connie B. Glaser / Barbara S. Smalley
Erfolgsfaktor Selbstbewusstsein
Wie Frauen im Beruf überzeugend auftreten
(rororo sachbuch 60399)
Selbstbewusstes Auftreten ist für den beruflichen Erfolg entscheidend. Die Karriereberaterinnen Connie Glaser und Barbara Smalley zeigen, wie Frauen sich durch gekonnte Sprech- und Verhaltensweisen Respekt und Anerkennung verschaffen.

rororo sachbuch

Gisa Briese-Neumann
Professionell telefonieren
(rororo sachbuch 60485)

Riaz Khadem / Robert Lorber
Das Memo-Management *Erfolg durch richtige Informationsarbeit*
(rororo sachbuch 60562)

Ulla Dick
Erfolgreicher Berufsstart *Was Frauen über die Spielregeln am Arbeitsplatz wissen müssen*
(rororo sachbuch 60766)

Iris Oltmann
Projektmanagement
Zielorientiert denken, erfolgreich zusammenarbeiten
(rororo sachbuch 60763)

Weitere Informationen in der **Rowohlt Revue**, kostenlos in Ihrer Buchhandlung, und im **Internet: www.rowohlt.de**

3669/3

Psycho Power - NLP

Streß mit dem Chef, Probleme in der Familie oder Angst vor der Zukunft – Probleme, die allein schwer zu meistern sind. Jetzt erscheint bei *rororo* das Psycho-Power-Programm zur Stärkung des Selbstbewußtseins, bekannt als **Neurolinguistisches Programmieren (NLP)**, das in den siebziger Jahren von den Amerikanern Richard Bandler und John Grinder entwickelt wurde. Knapp, praxisnah und verständlich geschrieben, bieten die Bücher konkrete Hilfe für Alltag und Beruf.

Gabriele und Klaus Birker
Was ist NLP? *Grundlagen und Begriffe des Neuro-Linguistischen Programmierens*
(rororo sachbuch 60199)

Cora Besser-Siegmund
Optimist werden, Optimist bleiben *Positives Denken kann man lernen*
(rororo sachbuch 60351)
Entdecken Sie Ihre Kreativität
(rororo sachbuch 60217)
Das Rauchen aufgeben
(rororo sachbuch 19956)
Frei von Eifersucht
(rororo sachbuch 19985)
Mit Hilfe der vorgestellten Übungen und Tricks kann man lernen, wie man sich nicht länger von der alles zerfressenden Eifersucht beherrschen läßt, sondern statt dessen seine Energien auf neue, positive Ziele konzentriert.

Barbara Schott
Gut drauf sein, wenn's schiefgeht
(rororo sachbuch 19604)

rororo sachbuch

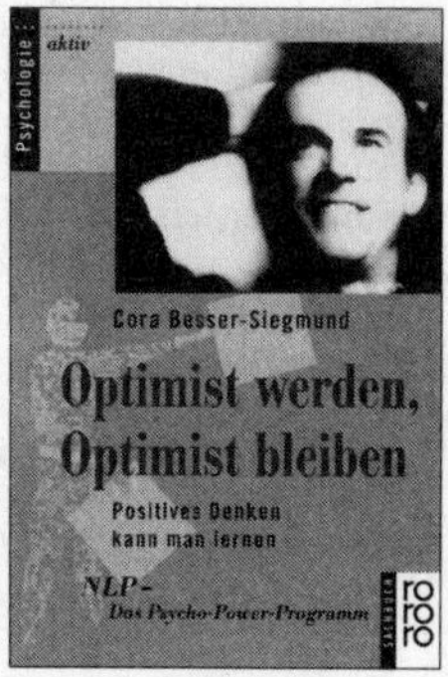

Barbara Schott / Klaus Birker
Den Job will ich haben *Die erfolgreiche Bewerbung*
(rororo sachbuch 19986)
Energie tanken
(rororo sachbuch 60218)
Prüfungsstreß ade
(rororo sachbuch 19669)
Kompetent verhandeln
(rororo sachbuch 19773)
Geschicktes Verhandeln will gelernt sein – ob am Telefon oder am Verhandlungstisch. Dieses Buch stellt einfach anwendbare Strategien vor.
Schüchternheit überwinden
(rororo 19774)
Mut zur Entscheidung
(rororo sachbuch 19957)
Selbstbewußt auftreten
(rororo sachbuch 19905)
Souverän mit Kunden umgehen
(rororo sachbuch 19796)

Ein Gesamtverzeichnis der Reihe und weitere Bücher zum Thema finden Sie in der **Rowohlt Revue**. Vierteljährlich neu. Kostenlos in Ihrer Buchhandlung.
Rowohlt im Internet:
www.rowohlt.de

3400/9

Lebenshilfe

Die praktische Psychologie ist traditionell ein Schwerpunkt im Sachbuch bei *rororo*. Praxisorientierte Ratgeber leisten Hilfestellung bei privaten und beruflichen Problemen.

Kuni Becker
Die perfekte Frau und ihr Geheimnis *Eß- und Brechsucht: Hilfen für Betroffene und Angehörige*
(rororo sachbuch 9576)

Annette Bopp / Sigrid Nolte-Schefold
StiefKinder – RabenEltern – RabenKinder – StiefEltern *Leben in einer Patchworkfamilie: Probleme erkennen, Perspektiven gewinnen*
(rororo sachbuch 60541)

J. Frances Casey / L. Wilson
Ich bin viele *Eine ungewöhnliche Heilungsgeschichte*
(rororo sachbuch 19566)

Gerd Hennenhofer / Klaus D. Heil
Angst überwinden *Selbstbefreiung durch Verhaltenstherapie*
(rororo sachbuch 60231)

Eleonore Höfner / Hans-Ulrich Schachtner
Das wäre doch gelacht! *Humor und Provokation in der Therapie*
(rororo sachbuch 60231)

Eva Jaeggi
Zu heilen die zerstoßnen Herzen *Die Hauptrichtungen der Psychotherapie und ihre Menschenbilder*
(rororo sachbuch 60352)

rororo sachbuch

Spencer Johnson
Ja oder Nein. Der Weg zur besten Entscheidung *Wie wir Intuition und Verstand richtig nutzen*
(rororo sachbuch 19906)

Ursula Lambrou
Helfen oder aufgeben? *Ein Ratgeber für Angehörige von Alkoholikern*
(rororo sachbuch 19955)

Frank Naumann
Miteinander streiten *Die Kunst der fairen Auseinandersetzung*
(rororo sachbuch 19795)

Ann Weiser Cornell
Focusing – Der Stimme des Körpers folgen *Anleitungen und Übungen zur Selbsterfahrung*
(rororo sachbuch 60353)

Weitere Informationen in der **Rowohlt Revue**, kostenlos im Buchhandel, oder im **Internet: www.rororo.de**

3622/5

Lebenshilfe

Nathaniel Branden
Ich liebe mich auch *Selbstvertrauen lernen*
(rororo sachbuch 18486)

Wayne W. Dyer
Mut zum Glück *So überwinden Sie Ihre inneren Grenzen*
(rororo sachbuch 60230)
Der wunde Punkt *Die Kunst, nicht unglücklich zu sein. Zwölf Schritte zur Überwindung unserer seelischen Problemzonen*
(rororo sachbuch 17384)

Daniel Hell
Welchen Sinn macht Depression? *Ein integrativer Ansatz*
(rororo sachbuch 19649)

Klaus Kaufmann-Mall / Gudrun Mall
Wege aus der Depression *Hilfe zur Selbsthilfe*
(rororo sachbuch 60232)

Peter Lauster
Lassen Sie der Seele Flügel wachsen *Wege aus der Lebensangst*
(rororo sachbuch 17361)

Karin Mager
Bevor Sie aus der Haut fahren *Wie Sie fair und selbstbewußt Konflikte meistern*
(rororo sachbuch 60744)

Robin Norwood
Warum gerade ich? *Ein Ratgeber für die schwierigsten Situationen des Lebens*
(rororo sachbuch 60126)

Tim Rohrmann
Junge, Junge – Mann, o Mann *Die Entwicklung zur Männlichkeit*
(rororo sachbuch 19671)

rororo sachbuch

Geneen Roth
Essen als Ersatz *Wie man den Teufelskreis durchbricht*
(rororo sachbuch 18493)

Edward Shorter
Von der Seele in den Körper *Die kulturellen Ursprünge psychosomatischer Erkrankungen*
(rororo sachbuch 60701)

Sigrid Steinbrecher
Die Vaterfalle *Die Macht der Väter über die Gefühle der Töchter*
(rororo sachbuch 60739)

David Weeks / Jamie James
Exzentriker *Über das Vergnügen, anders zu sein*
(rororo sachbuch 60549)

Jürg Willi
Ko-Evolution *Die Kunst gemeinsamen Wachsens*
(rororo sachbuch 18536)

Weitere Informationen in der **Rowohlt Revue**, kostenlos im Buchhandel, oder im Internet: **www.rororo.de**